桂林户外登山100峰

CLIMBING 100 PEAKS IN GUILIN

飞行豹 著

猫儿山之巅

广东旅游出版社
GUANGDONG TRAVEL & TOURISM PRESS
悦读书·悦旅行·悦享人生
中国广州

图书在版编目(CIP)数据

桂林户外登山100峰／飞行豹著. 一广州：广东旅
游出版社，2017.5
ISBN 978-7-5570-0669-3

Ⅰ.①桂… Ⅱ.①飞… Ⅲ.①旅游指南－桂林 Ⅳ.
①K928.967.3

中国版本图书馆CIP数据核字(2016)第282263号

桂林户外登山100峰
GUILIN HUWAI DENGSHAN 100 FENG

飞行豹 著

责任编辑：	周文娟
装帧设计：	笑　嘎
责任技编：	刘振华
责任校对：	李瑞苑
出版发行：	广东旅游出版社
地　　址：	广州市越秀区环市东路338号银政大厦 西楼12楼
联系电话：	020-87347316
邮　　编：	510060
发行联系：	广东旅游出版社图书网 Www.tourpress.cn
印　　刷：	佛山市嘉骏兴彩印有限公司（佛山市 南海区狮山镇塘头村白登云厂房）
版　　次：	2017年5月第1版第1次印刷
开　　本：	889mm×1194mm 16开
字　　数：	100千字
印　　张：	13.5
印　　数：	1-1000册
定　　价：	120.00元

序言

郭过

桂林自古以"山水甲天下"闻名于世。水之源，始于山，今又有"户外天堂"之说，这天堂之魂魄亦是山。桂林的山呀，多得不得了，漂亮得不得了！包括华南之巅在内的华南高峰，桂林占了一大半。这些山，有漓江之滨的喀斯特峰林，有桂北的丹霞之魂，有绿草如茵的馒馒山包，有高耸入云的巍巍雄峰。这些山，有古代大旅行家徐霞客穿越过的江南五岭之首越城岭，有当年红军翻越过的华南之巅猫儿山老山界，有瑶族发祥地千家峒韭菜岭，有三个国家级自然保护区猫儿山、花坪和千家洞……

桂林地处岭南，位于我国地势第二阶梯云贵高原东之边缘，山体庞大，峰岭连绵，峡谷纵横。桂林的山地由越城岭山系和都庞岭海洋山系构成主要格架，两山系大致呈南北走向。都庞岭海洋山系位于东，越城岭山系居于西，两山系之间形成的狭长谷地"湘桂走廊"是两山系的分界线，其间为河谷平川。

都庞岭海洋山系呈东北-西南转东南走向，主要由燕山时期和加里东晚期花岗岩以及变质岩、双层砂土构成。该山系分为都庞岭、海洋山两大山脉，两山脉纵列遥相对应。都庞岭山脉及其余脉位于灌阳、恭城、平乐之东，为广西与湖南的界山。海洋山山脉及其支脉、余脉由全州、灌阳、兴安南下，经灵川、阳朔、恭城至平乐止。此山系南部另有架桥岭山脉，位于临桂之南，经阳朔、永福边界至荔浦西南止。

越城岭山系分布于桂林西北一带，呈东北-西南走向，地跨资源、全州、龙胜、兴安、灵川等县。此山系由加里东期花岗岩构成，岩石坚硬，山谷割切深，多断崖绝壁。越城岭山系为江南五岭之首，庞大山体可分为越城岭山脉、金紫山山脉、大南山山脉、猫儿山山脉、越城岭余脉、天平山山脉六大山脉。

桂林城市周边及漓江沿岸山峰，为山脉之外的喀斯特观景山峰，收入本书独立成章节。

《桂林户外登山100峰》为"桂林户外运动丛书"之4，书中推介登山攻略94篇，实际穿越桂林及周边户外名山100余座，收入风光摄影564幅，手绘地图94张。线路攻略介绍以自助行全攻略方式，采用文字、线路图、风光照手段，从桂林乘班车始，图文并举尽可能详尽介绍每一个关节、路口岔道、标志性景观及相关信息。海拔高度一般使用官方资料数据，差距大或无资料时标以实地GPS测试值。书中线路攻略顺序按山脉由北向南排列。一座山峰往往有多条线路多种登法，本书提供其中成熟经典且相对易行的线路。丛书曾经介绍过的线路攻略，本书将介绍不同的走法。CCTV5在

《体育人间》节目中曾经介绍本丛书作者飞行豹："在桂林10万驴友中有着比110还重要的位置……按照这些线路走，就不会出现迷路的事了。"但还是需要说明的是，山间的道路由于"村村通"建设、伐木、植树、建电站等原因常有变化，且介绍出行线路远离实地纸上谈兵，委实难以详尽，即使详尽，也还有个理解的问题，故本书线路攻略仅供参考。进入山野风险难免，建议尽可能请向导。

初走户外的嫩驴，应选择强度等级低、简单易行的山峰攀登。无论何人，无论你多么厉害，雨雾恶劣天气，万不可出行登山、探线。

中华民族自古喜游山玩水，好登高望远，此乃人之天性，故有重阳登高节。为什么不呢？假如有空，就去户外登登山吧，假如没空，抽空也去登登山吧，它的好处，不去不知道！

"桂林户外运动丛书"读者对象为国内外户外运动爱好者、户外摄影爱好者、旅行旅游者、单位户外活动组织者、户外拓展训练组织者、院校户外旅游专业师生、野外军训、拉练及山地工作人员。

GUILIN
HUWAI
DENGSHAN
100
FENG
XUYAN
GUO GUO

桂林户外登山100峰
GUILIN HUWAI DENGSHAN 100 FENG

篇目

20170105

桂林城周边的山峰

桂林城市山峰

　　山环水抱的桂林城，山多为喀斯特峰峦，海拔多在300至600米之间，唯其东北分布着一座南北走向的土山，名尧山。此山为海洋山余脉，海拔高度909.3米，是桂林城周边最高峰。桂林城周的这些岩溶石峰虽不高，却奇险俊秀，形成围城之势，且山里有城，城中见山，城中建筑以不遮挡山景为原则，山成了天然的观景台。

　　本章推介的7座山峰，分布于城区不同方位，有路通顶，是市民常登之山。

　　每日每时，仰望峰峦，总可见徒步健身、登高望远者立于顶，作雄鸡报晓状。

　　本章推荐的这些山峰，均不在旅游景区内，无门票之说。

远眺尧山

登顶尧山主峰
DENGDING
YAOSHANZHUFENG

海洋山余脉上的尧山，南北走向，位于桂林城东北8公里，因秦时建有尧帝庙而得名。此山分南北两峰，南峰稍低，已开发为景区，真正的尧山之巅在其北，这是户外人的尧山。尧山是桂林城周边最高的山峰。《桂林漓江志》称："尧山山体庞大，海拔909.3米，为桂林诸山之冠。山顶冬多积雪。山巅建桂林电视发射台。有新建公路从西麓通山顶，东侧为灵田乡西岸村水源林。"

尧山以绚丽多彩的四时景致闻名，可春观杜鹃、夏尝杨梅、秋看红叶、冬赏冰雪。著名诗人柳亚子有诗赞道："靖江陵畔遗谟在，祝圣庵前暮霭斜；好是西南春意荡，尧山红遍杜鹃花。"明代严震直《尧山冬雪》云："朔风从东来，吹落遥空雪，洒向尧山顶，相看最奇绝。"

尧山自古是风水宝地，秦时曾建尧帝庙，明时建寿佛寺、白云观和祝圣庵。白云观有香

尧山之巅

火田"天赐田"数亩，传为尧帝所赐，田中之水来自终年不涸的天赐泉。天赐泉泉水从石穴中涌出，质清味甘。祝圣庵曾是桂林颇具影响的寺庵之一。今寺庙已废，遗地留存。尧山脚有全国保存最完整的，明太祖朱元璋侄孙靖江王朱守谦历代子孙的陵园。素有"北有十三皇陵，南有靖江王陵"之说。靖江王14座，加王妃及宗室墓共300余座，构成方圆100平方公里的特大古墓群。1996年被国务院公布为全国重点文物保护单位。

【路线设计】阳家路口→尧山顶→白云观→祝圣庵遗址→公交靖江王陵站。

【线路描述】桂林城区最高峰，绚丽多彩的四时景致，桂林的风水宝地。

【徒步里程】12公里。

【风景指数】★★★☆

【强度级别】★★★

登顶远眺

祝圣庵遗址

【出行方案】

在桂林乘10、20、21、30、32、36路公交车至彭家岭站下，沿街向西北行约150米至建干路口，右（东北）行百米，乘灵田班车至大河乡阳家路口下（5公里）……岔路右走，顺机耕道行，过溪至山脚岔路口（右有溪流，前有墓，左上方可见山顶。此路段1.5公里）……岔路行左小道，遇岔路均左行，至松林顺山脊右上行，再遇岔路依山脊行，至防火道（已植树。此路段1公里）……顺防火道右上行山脊，入灌木丛中小道，遇岩攀岩，遇树穿林（不离山脊），走出树林至山梁（此路段2公里）……顺山梁右至山顶（此路段400米）……过顶右（西南）下，一路行山脊，翻3个小山头，穿松

林下至盘山公路（此路段2公里）……右下行，行约200米右行小道穿插公路，穿出后接行公路对面小道，顺电缆、水管过水房，过农家，左转至白云观，再右行小道下返公路，顺公路左下行200米，道右出现小道（此路段1公里）……顺小道下，行古道过祝圣庵遗址至车道（此路段1.5公里）……岔路前行走左，过松林出柏油路，右行至大门前岔路走左，康僖王陵前岔路直行，行2公里顺路左转至庄简王陵（此路段3公里）……顺公路右行，至靖江王陵公交站（此路段700米）……乘24路公交车返桂林城区。

【友情赠言】

● 尧山之巅为10平方米草坪，见北、东、西3条山道，中央有方形水泥座标一块。

庄简王陵

尧山

线路图

TIEFENGSHAN
DENGLIN
铁封山

登临铁封山

铁封山又名镇南峰，GPS实测海拔270米。此山有三峰，西峰面街略高，东麓二峰临漓江呈马鞍形，下有东镇门。

"桂林有座铁封山，钥匙掉在泗洲湾，若还哪个捡得了，金砖银砖随他搬"这一民谣，演绎出铁封山无数有关金银财宝的民间故事。

铁封山与鹦鹉山相对峙，横亘于桂林城北，两山间为狭窄通道，道旁高崖绝壁构成天然屏障，宋代在此筑朝京门，有"铁封鹦鹉锁北关"之说。因历代战争都没能由此处破城，被誉为"铁锁挈关"，故山名称铁封。至今，铁封山西峰顶及山腰仍可见当年堡垒，东西峰间遗有城墙，墙长60米。

全国重点文物保护单位桂林石刻之铁封山摩崖石刻，主要分布在山的西侧，最早的为唐

铁封山全景

大历十二年（777年）的《平蛮颂》，另有宋庆历五年（1045年）孔延之《瘗宜贼首级记》和皇佑五年（1053）余靖《大宋平蛮碑》，这些摩崖石刻为研究少数民族历史的重要文物。

1959年春，著名画家李可染先生曾作写生画"桂林铁封山雨景"。

【路线设计】东镇路公交站→木龙桥→东镇路北1里→铁封山→东镇路北1里→铁封山古石刻→东镇路公交站。

【线路描述】桂林城北咽喉要地，可见多处防御工事遗址，登顶可俯视漓江、桂林城景致，摩崖石刻为全国重点文物保护单位。

【徒步里程】2公里。

【风景指数】★★★★

【强度级别】★★☆

铁封山顶堡垒遗迹

铁封山古石刻

过通讯塔架，下见古城墙，返回堡垒下方岔路口（此路段200米）······右行石阶而上，又见坟地，直上行来至山顶堡垒（此路段100米）······原路下山，出东镇路沿街右走，行200米右见山体，顺阶而上20米，左见文物保护单位标志碑，右石峰5米高处见古石刻（3米方形符直平面）······原路返东镇路公交站。

【友情赠言】
●此山东麓石崖险陡，不可攀登。

【出行方案】

在桂林市内乘1、18、99、100、203路公交车至东镇路站下······向北行过木龙桥（北门桥），前行百米至东镇路（木龙湖景区大门侧），右入东镇路，行300米至东镇路北一里（木龙塔景区大门前），左走入巷，行百米岔路行左，山洞前拾阶右上，居民屋门前左走登山，行石阶百米过坟遇岔路（此路段700米）······前方见水泥堡垒，登顶堡垒后右走，

铁封山观夜景

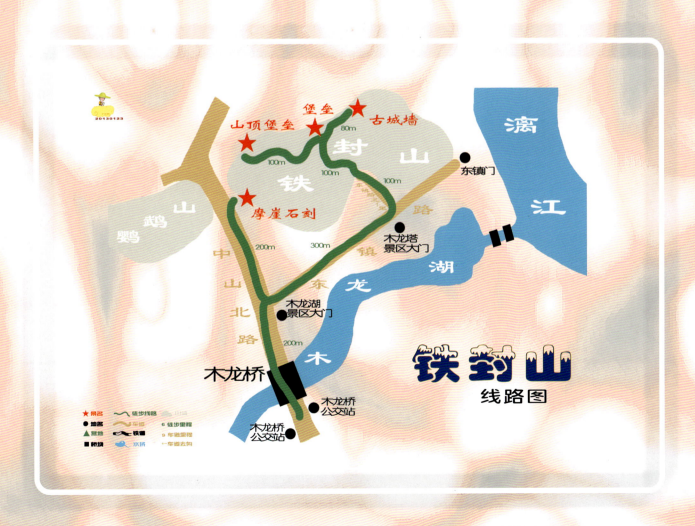

PANDENG YINGWU SHAN

攀登鹦鹉山

鹦鹉山南侧

鹦鹉山位于桂林城区主干道中山北路西侧，与隔街相望的铁封山共同构成桂林城北天然屏障，有"铁封鹦鹉锁北关"之说，山上至今遗有防御工事。

鹦鹉山有洞，称鹦鹉岩。全国重点文物保护单位桂林石刻之鹦鹉山摩崖石刻位于鹦鹉山的南侧，以宋《靖江府城池图》最为著名，是国内现存两件城池古石刻之一，刻绘了宋末静江府城池的形制、山川、城壕及官衙军营的部署位置。为研究宋代城池建筑的重要资料。

鹦鹉山GPS实测海拔高度291米，相对高度130米。此山下修有游道，但登至半山遇石崖无路，不提倡非专业攀岩驴友登顶。

【路线设计】观音阁公交站→鹦鹉山→摩崖石刻→观音阁公交站。

鹦鹉山

【线路描述】此山与铁封山共同构成桂林城北屏障，摩崖石刻《靖江府城池图》为全国重点文物保护单位，登顶攀岩路险。

【徒步里程】2公里。

【风景指数】★★★☆

【强度级别】★★

【出行方案】

在桂林市内乘1、18、22、30、99、100、203路公交车至观音阁站下……顺街南行，过街至鹦鹉山脚，沿游道阶梯而上，至山腰水泥平台（此路段约200米）……行左石崖下朝东（反向）小道，行数米向上攀岩（此处最险），至山脊后右走顺山脊行，攀登主峰沿石凿阶梯而上（行山峰正中，不走山的两侧），至山顶堡垒（此路段200米）……原路下山至山脚，顺山

登山道口

脚右（南）转，入鹦鹉路向西行，行200米右见通道（鹦鹉路22号），右行30米再右转，上石阶后左见文物保护单位标志碑及登山道，顺道登山赏古石刻《靖江府城池图》（此路段500米）……下山行出鹦鹉路，原路返观音阁公交站。

【友情赠言】
● 登顶危险，非专业户外切勿攀岩登顶。
● 切记线路，方便原路返回。

鹦鹉山与铁封山

古石刻

山顶古堡垒

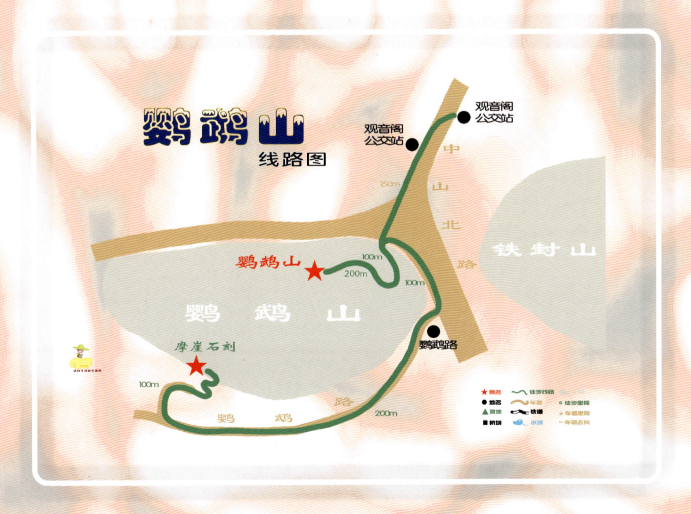

鹦鹉山 线路图

观音阁公交站

观音阁公交站

中山北路

铁封山

鹦鹉山 ★

100m

200m

150m

100m

鹦鹉路

鹦鹉山

摩崖石刻 ★

100m

200m

鹦鹉路

20130125

老人山

HUANYOU LAORENSHAN

环游老人山

老人山位于桂林城区北部、木龙湖西岸，GPS实测海拔高度342米。老人山因山顶巨石酷似老人而得名。此山顶为石峰，顶下溶洞遍布，旧时山上曾修有战壕堡垒等防御工事。

老人山临街畔湖，是市民休闲、锻炼的极佳去处。因立于山顶，可俯瞰桂林城廓水环山绕，佳景尽得，登山观景者络绎不绝。

老人山四周有多条登山小径，并筑有石道。本篇线路设计由其东拾阶而上，登顶后下顶，由西转至山背，半山环游返东路下山。

【路线设计】东镇路公交站→木龙桥→宝积桥→西清桥→老人山→东镇路公交站。

【线路描述】桂林两江四湖景区畔的山峰，顶为石峰，顶下溶洞遍布，曾修有战壕堡

登山道口

垒，登顶可俯瞰桂林街景。

【徒步里程】4公里。

【风景指数】★★★★

【强度级别】★★☆

【出行方案】

在桂林市内乘1、18、99、100、203路公交车至东镇路站下……向北行至木龙桥（北门桥），桥前左走（不过桥），沿木龙湖岸左侧路行过宝积山至宝积桥，桥前左走（不过桥），行50米右见西清桥（木桥），过桥后岔路右走，沿湖行百米左见登山石阶（此路段1公里）……拾阶而上，遇岔路上行大路，至山脊岔路左上走，攀石山由右侧绕上峰顶（此路段1公里）……原路下至山脊岔路口，左下行小径，顺路绕山左行，竹

老人山顶石峰

登顶之路

老人山顶南侧

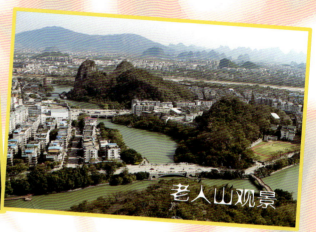
老人山观景

林间遇岔路行左，半山至石阶路沿路行，行山腰左绕返东侧登山道（此路段1公里）……顺来时路下山，原路返西清桥，返东镇门公交车站（此路段1公里）。

【友情赠言】
●登此山亦可乘22、23路公交车在西清湖站下，过西清桥。
●老人山顶石崖险陡，登顶务必十分小心。
●登此山可与宝积山一日同游。

老人山
线路图

★景名　〰徒步线路　⛰山峰
●地名　〰车道　6 徒步里程
▲营地　⛓铁道　8 车程里程
■新调　〰水域　↑车道去向

旧战壕
1km
老人山
342
登山起点
溶洞
1km
旧地堡
溶洞
老
人
山

木龙桥
东镇路公交站
宝积桥
木
龙
东镇路公交站
1km
★宝积山
西清桥
宝
积
山
湖
20150811

远眺侯山

登峰侯山顶
HOUSHANDING DENGFENG

桂林城有"大不过尧山，高不过侯山"之说。论石山，侯山高度名列第一。位于桂林城西5公里处的侯山，海拔581米。早年桂林电视差转台的第一座发射塔，就曾立于此金字塔之巅。侯山因晨曦下山体常显王侯之相得名。

侯山西南古迹斑斑的侯山隘，是临桂通往桂林的古道。1944年11月9日，日军进攻桂林城，民国将军陈济桓率部向西突围至此，负伤后杀身殉国，后被追认为革命烈士。此隘曾建有凉亭，现已无存。

双目峰，双目炯炯立于水塘之间，形象喜人。登峰20米便可入双目岩。此岩实际为3个岩洞。可穿越。

【路线设计】长海五村→双目峰→侯山隘→侯山顶→通讯大队。

由此登山

【线路描述】侯山为桂林城西最高石峰，曾建电视差转台，有着许多传说、故事。

【徒步里程】12公里。

【风景指数】★★★☆

【强度级别】★★★

【出行方案】市内乘3路公交车至终点站长海五村下……由居民楼西行至厂区铁栏杆围墙，右转向山脚方向行至拐角处，上阶梯左转，沿厂区墙外水泥道前行，行至墙角尽头右上石山道（此路段500米）……登山过坳至草坪左走，过水塘顺路行，右见双目峰在水一方，继续沿水塘左岸行进，穿过车道继续南行，行简易公路过最后水塘，再行约200米见被车道拦腰截断的石铺古道，左走古道（此路段4公里）……顺古道登侯山隘，至隘口（见古凉亭遗址），过隘下行过

侯山之巅

山窝，沿通讯大队后墙左走，行300米至侯山下（此路段2公里）……过小桥左走，顺路上行，过坟地行电杆的右侧，道路明显了，一路

登山无岔路。过乌龟石、观音泉，左转入竹林，至峰顶金钩岩（此路段2公里）……原路下山，返至山下，过桥后左走，沿中美学校外墙行，经校门上大路右走，行500米至通讯大队门前公交站（此路段3公里）……乘89路公交车返城。

【友情赠言】

●此线路可反向行走，先登侯山再走古道，转一圈后从长海五村出。

●观音泉碗口大小，位于半山过坳后平走约50米左边山崖，距小道高约1米。

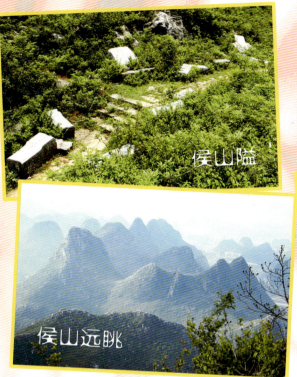

侯山隘

侯山远眺

眺望桂林城

侯山
线路图

登临大头山
DENGLIN
DATOUSHAN

　　位于桂林城之南的大头山，北依湘桂铁路、园林植物园，南临将军路，山为岩溶石山，海拔328.8米。

　　桂林电视台曾在此山建微波站，山顶盖有3层建筑，现设通讯机站。

　　山顶建筑十分醒目，桂林城内处处可见，若神奇古堡，令人抬头仰望，遐思悠远。

　　登临大头山，可环视桂林城周遭风光，水绕山环，燕舞龙腾。

　　【路线设计】将军路口公交站→大头山→将军路口公交站。

　　【线路描述】此山位于城区正南，山顶曾设电视微波站，桂林城最好登的山峰。

　　【徒步里程】2公里。

大头山顶

【风景指数】★★★☆
【强度级别】★★☆
【出行方案】
　　由桂林市内乘12、16、20、21、36、201、202、205路公交车至将军路口站下……南行约百米（或乘11、33、99路公交车至南溪公园站下，南行百米右走过铁路行200米）至将军路口，沿将军路行400米过将军路66号至岔路口（右见大岩洞。此路段500米）……顺路右岩洞前右侧石阶上行登山，行30米平走过山腰坟地，右上行穿过柏树林，左上拐一路行1米宽水泥石阶曲折而上，行700级阶至山顶通讯机房（此路段500米）……原路下山返公交站。

大头山登山口

登顶之路

【友情赠言】
●登此山一路石阶，并无岔道。
●若山顶机房上锁不能入，山顶小径通山石可观景，但须注意安全。西侧山石走法：原路下行约30米，右侧小道平走。

★大头山北望

★大头山南望

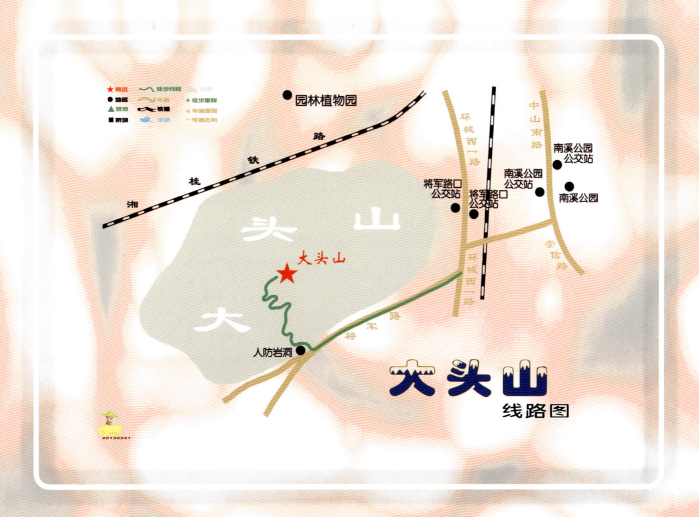

大头山
线路图

20130221

斗鸡山

攀登斗鸡山

PANDENG
DOUJISHAN

相传某朝某代曾有书生出对子,上联:"斗鸡山上山鸡斗",下联要言桂林山,还要无论顺念倒念都一个样,久无人应答。数年后有人对得"龙隐岩中岩隐龙"句,传为佳话。

斗鸡山与漓江东岸对峙的穿山两"鸡"相斗,自古为漓江十大奇观之一。明朝广西按察使孔镛曾有诗赞斗鸡山"巧石如鸡欲斗时,昂冠相距水东西。红罗缠颈何曾见,老杀青山不敢啼",把斗鸡山写活了。

立于桂林城南漓江西岸,海拔286米的石山斗鸡山,南北两峰相连,北峰活似公鸡之昂首,南峰却如鸡之翘尾。立于其东南净瓶山大桥上远望,形象最是活脱。

【路线设计】南溪医院公交站→安厦世纪城→斗鸡山→安厦世纪城→南溪医院公交站。

斗鸡山与穿山

【线路描述】位于漓江之滨,与对江穿山斗鸡,自古为漓江奇观。

【徒步里程】3公里。

【风景指数】★★★☆

【强度级别】★★★

【出行方案】

由桂林城区乘4、5、11、12、33、56、99、202路公交车南溪医院站下……北行400米至安厦世纪城,左入小区大门,顺道左拐,再遇岔路左走后右便道顺山脚行,行300米见围墙铁门(已废军事管理区。此路段1公里)……入门左上山坡,顺路右走至废弃房屋(或左小道直上),左过废弃房屋,沿路至山坳(此路段200米)……右走顺岩石登攀北峰,寻路而上,由缝隙处攀石直登至北峰顶,原路下顶返坳口(此路段200

斗鸡山之顶

登顶之路

米）……直上对面南峰，寻足迹而行，攀石登至山顶，原路下顶返坳口（此路段300米）……原路下山，出安厦世纪城小区大门，返南溪医院公交站。

【友情赠言】

●至坳后登东、西两峰均无路，须攀岩而上。

●攀岩有危险，须量力而行，不提倡贸然登顶。

斗鸡山北望

斗鸡山南望

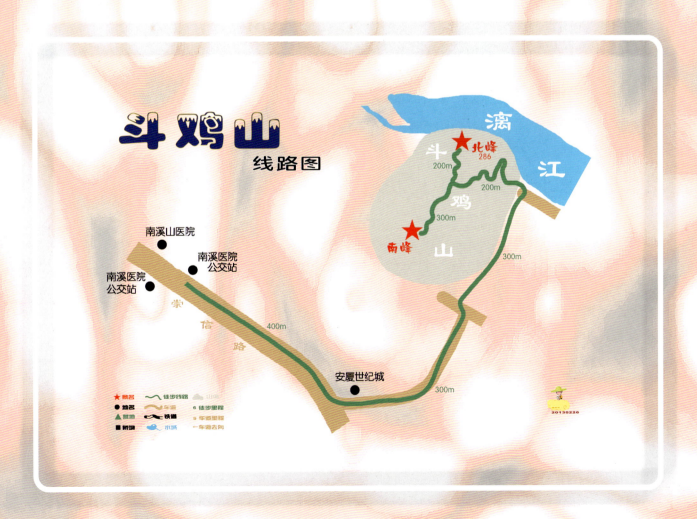
斗鸡山 线路图

漓江－大面山－螺丝山

漓江观景山峰

　　"江作青罗带，山如碧玉簪。"这是唐代著名诗人韩愈对漓江山水特色的形象描述。用碧玉簪比喻平地拔起峭石嵯峨的漓江山峰，给人以如莲似笋之美感。

　　漓江烟雨起时，但见阵阵峰林轻纱盖头、薄雾曼笼、峰峦沉浮、如真似幻，这时的漓江山水，已进入童话世界、蓬莱仙境！

　　登漓江畔山峰，为的是俯瞰、拍摄漓江美景，本章推出登"碧玉簪"望"青罗带"的五峰均为喀斯特山峰。五峰中大面山、鲤鱼脊、老寨山位于漓江"弓"字大拐弯处，观景角度最佳，大面山与九马画山登山之路相对强度较大，仙人台登山最为简单。漓江畔石峰陡峭，无论登哪座山峰，都必须注意安全，小心攀爬。

九马画山

登临
九马画山

DENGLIN JIUMAHUASHAN

举世闻名的漓江景观九马画山，有一个历代流传的歌谣："看马郎，看马郎，问你神马几多双？看出七匹中榜眼，看出九匹状元郎"。九马画山因有水路观赏的便利，历来是阳朔名景。20世纪中叶前，山下依山濒水处曾建有公园，筑有展画亭，后因江水冲刷，江水直浸山壁，公园消失。清代文学家两广总督阮元曾留下"清漓石壁图"摩崖和吟画山诗。徐霞客曾对九马画山面壁仔细端详揣摩，道：有纹层络，绿树沾映，硬质黄、红、青、白杂彩交错成章，上有九头，山之名"画"，以色非以形也。

九马画山西临漓江，面江而立，主峰海拔高度538米，直立峭壁宽600米，高300米。九马画山由马山、画山两山合成，两山之间古时筑有山寨，名画山寨，入寨必经的东、南两坳口均可见古墙，寨内有水源。沿画山寨西行可观赏漓江风光。画山东侧为嵌，名菜花嵌，由菜花嵌向西北行过马溜槽亦可观漓江，景色十分了得。

登至九马画山绝壁之上，可见一九平方米

画山寨

的正方形瞭望台。瞭望台西面墙已塌，北面墙基本完好。瞭望台上现仍存有方石一块，蓄水的陶缸完好无损。

登九马画山线路有多条，这里介绍的是旧时登瞭望台最好走，且最漂亮的一条线路。

【路线设计】马山村→马山→画山寨→古瞭望台→画山寨（原路返）→马山村。

【线路描述】举世闻名的漓江景观，山上有古山寨、古瞭望台，有观景台多处。

【徒步里程】7公里。

【风景指数】★★★★

【强度级别】★★★

【出行方案】

由桂林汽车总站乘兴坪班车至兴坪汽车站（90公里），穿过老街，搭乘旅游小棚车至马村（5公里）……右走入村，向左穿村而过，沿山脚行过养殖场屋背，行约50米右见登山小道，沿小道登山。行过桂花树，至半山时顺路左走，再过两处桂花树，行"之"字路登至山坳（见古墙。此路段2公里）……过坳下走画山

画山远眺

寨，遇岔路左下行（左见古墓地），行过松树林，杂树林中遇岔路右走，达江畔石崖之上观景台（右为山岩。此路段不足1公里）……返至松树林，见岔路左走，上行约百米至"丫"形树与大坑之间时，左登石山。顺路左上行，一路行于杂树林间，出树林上攀石崖数米，到达山顶见古瞭望台遗址（此路段不足1公里）……原路下顶返山寨、过坳口、下山出马山村路口（此路段3公里）……搭乘旅游小棚车返兴坪汽车站，转乘桂林班车返桂林。

【友情赠言】

●瞭望台处崖壁陡峭，岩石松动，攀山观景切记注意安全。

●桂林开兴坪班车时刻：7:00、8:00，兴

坪返桂林末班车：17:25。

●小型汽车可经兴坪直达马山村登山起点。

古瞭望台

画山顶北望

画山寨观景台

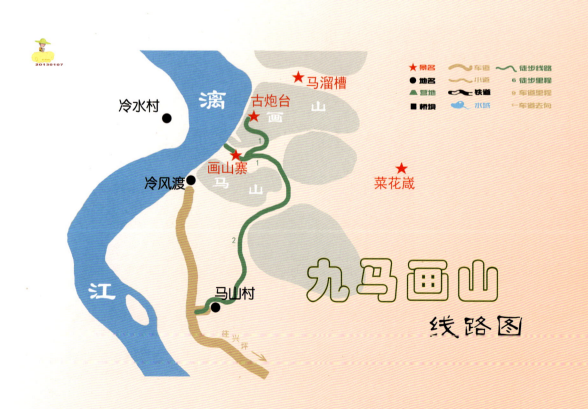

九马画山
线路图

观景 仙人台

仙人台看漓江

GUANJING XIANRENTAI

半山仙人台

　　漓江马山洲虾公潭之岸，狗崽岩山峰之上有一天生石台，人称仙人台。仙人台位于漓江西岸，相公山东南侧400米，地属阳朔县兴坪镇渔村黄泥田。此台方约丈余，平整如砌，悬于石壁之上。其海拔高度308米，为观赏漓江绝佳观景台之一。

　　由山峰西面可沿小道过坳登仙人台。登台小道隐于林中，攀岩而上，曲折委婉。过坳后右走，不足百米便来至仙人台。立于仙人台之上，左可望相公山、冷水村、九马画山、马山村，右可望画山村、黄布滩、朝板山。可览群峰竞奇，碧水逶迤；可看游艇翻白浪，竹排戏绿波。

　　【路线设计】葡萄镇→杨梅岭→大坪→相公山→仙人台→黄泥田→镰刀湾→兴坪镇。

　　【线路描述】漓江西岸临江半山石台，最容易登的漓江观景摄影点。

　　【徒步里程】19公里。

　　【风景指数】★★★★

　　【强度级别】★★☆

【出行方案】

　　由桂林汽车总站西门乘阳朔班车，至葡萄镇中心十字路口下（42公里）……左（东）路顺车道行，行1.5公里过乌龙村，再行500米（乌龙泉山庄前）左出现登山石阶路，行此路穿插返车道左行，一路沿此车道过石头城路口、杨梅岭村（此路段6公里）……继续前行遇岔路直行大路，过大坪、水岩洞桥，至相公山景区（此路段7公里）……岔路右下行机耕道，过公用厕所、水流至左侧独立石峰前（见插图），左小道下行，过沟后上行翻坳右走，至仙人台（此路段1公里）……原路返机耕道，继续左下走，树林间见岔路走左，过果园行石板古道至溪，左走遇石板桥右过桥，遇岔路行左上车道，至黄泥田村小卖店（此路段2公里）……遇岔路左下行车道，沿此车道过镰刀湾，过石门，遇岔路直行过渔村村委，至大河背江边码头（此路段3公里）……乘船过渡至兴坪，顺街前行约1公里左拐至汽车站，乘班车返桂林（90公里）。

仙人台路口

攀登而上

【友情赠言】
●葡萄镇至相公山一段亦可包车前往。
●此线路反走亦可以兴坪为起点，由码头过江经大河背、镰刀湾、黄泥田村，登仙人台后经相公山、荷苞山、冷水村过渡返兴坪。
●此线路自驾出行将更为便利。

登上仙人台

仙人台看漓江

仙人台
线路图

兴坪老寨山

登顶
老寨山

DENGDING LAOZHAISHAN

老寨山之顶

老寨山(旧称五指山)位于兴坪码头南侧,漓江大拐弯东北角,与大面山、鲤鱼脊两峰形成观漓江三角点。此山西北临江,古时曾建八角亭和白帝庙。

老寨山海拔367米,与山脚垂直高度约200米,登山石阶1159级。

有兴坪镇政府碑文言:1996年夏,日本友人林克之先生至兴坪旅游闲暇时登老寨山,观蜿蜒漓江一览无余,两岸奇峰尽收眼底,宛若置身仙境,万分惊喜之余叹山道崎岖,非勇者不能足至之巅,为方便游客登山览景,竟孑身奔波日本筹资10余万元人民币,不畏天命之年,亲事劳作,历时2年,于1999年9月将登山之道修整完毕,并建有2亭,上为"友好亭",下为"和平亭",取"中日友好和平"之意。

登此山,西北可观赏朝板山、尼姑斗嘴、黄布滩(第5套人民币背景图案实景地)山姿水色,西南可远眺螺蛳山、大面山群峰雄姿。东可俯瞰兴坪古镇风貌全景,西可瞭望镰刀湾田园风光。

【路线设计】兴坪汽车站→兴坪码头→老寨山→兴坪街→兴坪汽车站。

【线路描述】漓江大拐弯观景最漂亮、方便、易登的山峰,漓江摄影最佳角度之一。最短的户外休闲线路。

【徒步里程】3公里。

【风景指数】★★★★

【强度级别】★★☆

【出行方案】

由桂林汽车总站乘兴坪班车至兴坪汽车站(90公里)……穿过老街行至码头,左走上码头,前行至山峰下,沿山脚左上至墙,沿阶梯右上登山(此路段1公里)……行不足百米至和平亭。左拐继续上行,转至山背上行"之"字路,来至半山古寨门(此路段400米)……入寨门登上寨门顶,上攀直梯(这是此线路最险的一段,小心慢行),继续上行来至友好亭(此路段200米)……左平走10米后右攀石崖至顶,观景后原路下山,至山脚后直行出圆门(不下码头),右转顺街道行,行500米左拐行200米至汽车站……乘桂林班车返桂林。

俯瞰漓江

古寨门

友好亭

攀梯而上

【友情赠言】
●行此线路时间充裕可增加观赏第5套人民币背景图案实景地黄布滩。
●桂林开兴坪班车时刻：7：00、8：00，兴坪返桂林末班车：17：25。
●此线路无门票之说。

老寨山
线路图

20人民币背景图案观景点

20人民币背景图案观景点

漓

兴

河

坪

汽车站

兴坪镇

码头

和平亭

友好亭　200m

寨　山　300m

古寨门

江

老

景名　车道　徒步线路
地名　小道　6 徒步里程
营地　铁道　9 车道里程
梯坝　水域　车道去向

漓江大拐弯

攀登 ★大面山

漓江自北向南而来，过兴坪写了个大大的"弓"字，绕山迂回而去，形成漓江最美风光，被称作"漓江第一靓弯"。相公山在西、老寨山在东，大面山据两山之间，正处"弓"字的中部，是登高赏漓江的绝佳之处。大面山被认为是漓江最适合观赏日出日落的地方，摄影作品曾多次获奖。

大面山海拔546米，位于兴坪镇大洲岭与冲水塘之间，北邻螺蛳山，下有腾蛟庵、螺蛳岩，因以大片平整石崖面江而得名。

登山远眺，四周黛色峰林密布，恰似雨后竹林尖尖春笋齐发时。逢漓江云雾起，但见江面峰峦浮水，白纱漫笼，忽然间，红霞透出，彩云漫开，天呈五色，红日渐明，金光万道。望漓江，丝带逶迤，波光闪闪，云带袅袅，江心之洲如美女挽纱出浴，好不令人心动神迷，美不自控。

近年有开发商修筑登山道路，由于石峰陡峭、崖壁险峻，登顶此山仍须十分小心，注意安全。

大面山

【路线设计】相公山→黄泥田→大面山→黄泥田→镰刀湾→兴坪。

【线路描述】位于漓江之滨、精华段"弓"字大拐弯中部，观赏漓江最佳处，摄影作品曾多次获奖；有一段险径须攀石崖而上。

【徒步里程】10公里。

【风景指数】★★★★

【强度级别】★★★

【出行方案】

由桂林汽车总站西门乘阳朔班车至葡萄镇十字路口下（42公里），包乘小面包车至相公山（13公里）……景区大门前右下机耕道（这里是一个四岔路口，左下走荷苞山村，右上往大岭头村），行600米遇岔路左下入林，再行600米下石阶遇桥过桥，过桥岔路左走上车道，左行至黄泥田村头岔路口（此路段2公里）……小卖店屋背右走小道上山坡，沿路上行500米至坳口，岔路上行平走林间路，穿树林行过左侧山峰，至大面山（第二座山峰）前顺路上行登山，至半山腰铁门（此路段1公

登山水泥阶

里）……继续上行，行至两峰间岔路走左，上行不远向左平走一段后右上，登铁梯攀崖而上，至顶后顺路右下50米至观景台（此路段1公里）……原路下山返村，至小卖店前岔路右下行车道（亦可行石阶古道），至村屋岔路行左（不入村），至镰刀湾村路口直行，过石门，遇岔路直行（不走江堤）至渡口（此路段4公里）……过渡至兴坪码头，顺街行500米左拐，至汽车站（此路段1公里）……乘桂林班车返桂林（或乘阳朔班车至阳朔汽车站，转乘桂林班车返桂林。90公里）。

【友情赠言】

●大面山现已修筑登山游道，意图开发景

区售票进入。

●兴坪返桂林末班车：17：25。

山顶作秀

攀崖而上

登上大面山

大面山

线路图

登攀 鲤鱼脊

鲤鱼脊远眺

PENGPAN LIYUJI

鲤鱼脊又名鲤鱼翅、麒麟山，西北-东南走向，长1公里，海拔高度384米，位于大面山之南，同在兴坪"漓江第一大靓弯"处。此山为石山，形如游江之鲤，山脊由天然巨石摆垒，呈尖利鳞状。

登鲤鱼脊以兴坪为徒步起点，一路游腾蛟庵，赏瀑布、岩洞，过桂花长廊。

漓江著名古刹腾蛟庵，位于兴坪镇西南3公里处大面山下的螺蛳岩，因腾蛟桥而得名，明万历三十七年(1609年)知县童大成创建。此庵至今香火旺盛，1981年列为县重点文物保护单位。

腾蛟双瀑布，高15米，两瀑布相距30米，这是漓江岸最大瀑布。

漓江桂花长廊，桂花夹石阶古道，长800米，有百年桂花树108棵。沿古道行走漓江，一路遮风挡雨享阴凉。

漓江亿万年之鲤鱼脊，是漓江畔漂亮而简单易登的漓江风光最佳观景点。

鲤鱼脊俯瞰

【路线设计】兴坪→瀑布→腾蛟庵→螺蛳岩→桂花长廊→鲤鱼脊→腾蛟桥(原路返)兴坪。

【线路描述】观景漓江大拐弯最容易登的山，一路游腾蛟庵，赏瀑布、岩洞，穿行桂花长廊。

【徒步里程】10公里。

【风景指数】★★★★

【强度级别】★★★☆

【出行方案】

由桂林汽车总站乘兴坪班车至兴坪汽车站(90公里)……穿过老街行至码头，乘渡船过江，左走顺河堤行，过村屋行岸路，至沙滩穿过沙滩，直达腾蛟庵(此路段3公里)……上岸继续沿江边行，穿树林行200米右见瀑布。返腾蛟庵，入庵背螺蛳岩，穿行出庵，出大门行50米左走小道登山，岔路左走，行过古桂花长廊至瀑布源头冲水塘，遇小桥左过桥，沿山脚机耕道上行，遇岔路左走至坳口，左小道登顶，遇崖攀石而上至鲤鱼脊(此路段2公

鲤鱼脊之脊

鲤鱼脊看漓江

里）……原路下山返冲水塘、古桂花长廊，遇岔路平走，行古道过螺蛳山、腾蛟桥，经镰刀湾、大河背，过渡返兴坪汽车站（此路段5公里）……乘班车返桂林。

【友情赠言】

●鲤鱼脊山脊之左峰不可攀，右峰陡峭危险，不提倡贸然攀登。

●桂林开兴坪班车时刻：7：00、8：00，兴坪返桂林末班车：17：25。

●此线路无门票之说。

腾蛟瀑布

腾蛟庵

鲤鱼脊
线路图

真宝顶南望

越城岭山脉

　　中华素有"江南五岭"之说。毛泽东诗词名句"五岭逶迤腾细浪"，五岭之首便是越城岭。越城岭山系之主脉为越城岭山脉，山脉呈北东–西南30度走向，山体主要由加里东期花岗岩构成，地处资源与全州两县交界线上。山脉以真宝顶为中点，向两个方向伸展的诸峰渐次降低。在130公里的山脉上，北起大云山，南至石排山之间的著名山峰有20余座，海拔2123.4米的主峰真宝顶最高，为广西第二高峰。此山脉山梁主要为石底草山，顶下分布着杂木与细竹林。

　　越城岭山脉堪称桂林户外最宏伟、最壮丽的山脉。在山脉的崇山峻岭间，曾建过无数庙宇，以宝鼎的白云庵、苦炼庵和真宝顶的宝顶殿、角庵最为著名。丁丑（公元1637年）闰四月，我国古代著名旅行家徐霞客登临真宝顶，并穿越宝鼎，感谢徐霞客在他的《游记》中给我们留下大量珍贵史料。

　　此山脉主要户外名山有真宝顶、宝鼎、青山口、哪吒山、斛桶石、大帽岭、大云山、舜皇山、石排山、打狗岭、钩挂山、大源里、小源里、二王山、鬼崽石等。

　　越城岭山脉之上不但有众多著名山峰，还有宝鼎瀑布、小源里瀑布群等大量跌水景观。越城岭上的明珠天湖群，由13座人工湖组成，平均海拔1600米。高山平湖辽远壮阔，水浮山色，风光绮丽，四季皆景，是户外运动的天堂。

大云山之巅

DAYUNSHAN
CHUANYUE

大云山穿越

大云山穿越 03

海拔高度1995米的广西最北山峰大云山（云山），位于桂林全州县炎井村委北偏西方向，地处广西与湖南交界处，距桂林市区140公里。

大云山呈南北走向，加里东期花岗岩出露地质构造，由于雨水侵蚀及风化剥蚀，更显其山峰巍峨壮观，峡谷幽邃神秘，崖石形象逼真，构成千姿百态的山岳景观。

大云山处越城岭北部，顶为连绵草山，绿波轻扶，芳草依依，茫茫草场放牧着无需看管的牛羊群。登顶大云山，东可望巍巍舜皇山，北可望莽莽金子岭，西北湖南村镇及新宁县城尽收眼底。

电站水管

登山之路

【行走路线】炎井→钟落山电站→前渠→大云山→紫花坪→钟落山→炎井。

【线路描述】广西最北山峰，顶为连绵草山，线路设计环形穿越。

【徒步里程】第1天11公里，第2天18公里。

【风景指数】★★★★

【强度级别】★★★★

【出行方案】

第1天（从桂林乘车至炎井，徒步登至大云山顶营地）自桂林桂北客运站乘大西江班车过炎井温泉山门至瓦窑边路口（170公里）……右行过桥，沿车道行过瓦窑边村左过桥，岔路左走绕山行，过唐家坪岔路左走，至钟落山电站（此路段5公里）……行过电站机房，遇岔路前行百米左小道过溪，上行石阶遇岔路直走，一路顺水管上行至电站前渠（此路段2公里）……左上行小道，至防火道，右上行顺防火道，下行左侧小道，离防火道左路进50米岔路右走，转过去又见防火道，过拦牛栅右转行百米至一小坪（过拦牛栅后亦可直上防火道），左道上山（此路段2公里）……一路顺防火道上行至开阔地，顺路左走，山窝间见水流（可见右侧山顶），择地安营扎寨（此路段2公里）。

第2天（登顶大云山，顺山脊穿越经紫花坪下山返炎井）继续上行，登全大云山顶（此路段1公里）……顺山梁路东北行（右广西左湖南。不离山梁），至防火道拐角处（此路段4公里）……右走山脊防火道（东南向），行山脊防火道经脚丫石，下至紫花坪坳口（此路段4公里）……右走下坳，过水渠，一路顺流而下

大云山山梁

大云山营地

行，至罗家岭村，行车道过钟落山村至电站岔路口（此路段4公里）……前行顺车道经塘家坪、瓦窑边返至班车路口（此路段5公里）……乘班车返桂林（或搭乘班车至全州51公里，转乘班车返桂林129公里）。

【友情赠言】
●登顶大云山后，有多处山洼水清草绿林密，是上好的营地。
●大云山与舜皇山一脉相连，穿越下至紫花坪后，亦可一鼓作气登顶舜皇山（参见下篇"环走舜皇山"）。

脚丫石

大云山 线路图

环走舜皇山 03

HUANZOU
SUNHUANGSHAN

环走舜皇山

舜皇山古称金凤山，海拔1882.4米，位于广西最北端、越城岭之北部、桂林全州县大西江镇炎井村与湖南新宁、东安两县交界处，距桂林市区142公里。其山系主脉属奥陶系隆起带，加里东期花岗岩山体。地貌景观品相奇特，山体连绵，山势雄伟，峰峦峭拔，林泉深

温泉山门

邃。

昔有湖南《一统志·兴地广记》称："舜峰地势最高，层峦叠嶂，高接苍穹，为湖南第一峰。"相传因舜帝南巡狩猎驻跸于此而得名。《全州县志》记："舜皇山，位于文桥乡西北部，花岗岩体。"舜皇山与大云山山脉相连，由山梁可穿越。

位于小白水与舜皇山之间山腰的桃船座，石托仙桃，象形奇石一尊。据称炎井地貌若船，此石为村徽图腾。

【行走路线】炎井→钟洛山→紫花坪→舜皇山→小白水→炎井。

【线路描述】舜皇山花岗岩体，位于桂林

北部，相传舜帝狩猎驻跸于此。线路设计以炎井为起点，登顶后环走返炎井。

【徒步里程】第1天9公里，第2天12公里。

【风景指数】★★★★

【强度级别】★★★★

【出行方案】

第1天（从桂林乘车至炎井，徒步登山至紫花坪营地）自桂林桂北客运站乘大西江班车过温泉山门至瓦窑边路口下（170公里）……右走过桥，经瓦窑边村左过桥，岔路行左绕山而行，再遇岔路右走，至钟落山村（此路段5公里）……继续沿溪谷而上，过罗家岭村，遇岔溪直走，过水渠上至紫花坪坳口（过坳是湖南），择地安营扎寨（此路段4公里）。

第2天（由紫花坪营地登顶舜皇山，过山梁下山经小白水返炎井）右（东）沿防火道登山，至防火道尽头接行小道，入林顺山脊路（较朦）穿出至草山梁路口（此路段2公里）……顺山梁路左行翻3个小山头，行游道登至舜皇极顶（此路段2公里）……原路返草山梁路口，顺路

紫花坪营地

从紫花坪登上平山梁

紫花坪林中极易错路。
●此山由炎井登顶后，亦可穿越下至东安舜皇山景区出。
●自驾车可由桂林直达瓦窑边村。

舜皇山之巅

离山梁左下走（与上时反向），遇岔路左下走石崖山脊，过山凹上登山坡，顺路右平走，一路下陡坡过桃船座，继续下至石路，过木桥行田间路至小白水村（此路段5公里）……沿车道下行，遇岔路直行，经瓦窑边村，返至班车路口（此路段3公里）……乘班车返桂林（或搭乘班车至全州51公里，转乘班车返桂林129公里）。

【友情赠言】
●紫花坪营地无水源，需由水渠处取水带上。
●此线路如反走，登顶后行山脊下

桃船座

舜皇山 线路图

小源里

CHUANXING
XIAOYUANLI

穿行小源里

车道走下溪谷的路

全州越城岭天湖北边有两条东西走向的著名峡谷，一为大源里，一为小源里，小源里位于北，大源里位于南，两峡谷之水于汉江口汇为一处。

小源里为高山峡谷之源头，海拔高度1260米，位于天湖北偏东8公里处，距桂林城121公里。小源里由南北两条溪流汇集，向东与大源里合流后，经万乡河汇入湘江。

小源里石崖高耸，瀑布众多，水潭处处，风光十分奇美。象鼻天生桥是由倒塌的巨石横搭在溪流之上，形成天然石桥，其形酷似大象之首。

小源里现筑有水坝，峡谷内一路建有电站多处。

线路设计以黑塘坪为徒步起点，登山过茶田坳后，左走下峡谷顺流行，过大源里谷口路上行过文江，行峡谷草坡越南分水坳，顺流下行至双江口，由小源里峡谷出三渡江。

【行走路线】黑塘坪→茶田坳→大源里→南分水坳→紫花坪→八亩田→双江口→小源里→九牛塘→汉江口→三渡江。

【线路描述】小源里为越城岭天湖北边著名高山峡谷，多瀑布、水潭、奇石。

【徒步里程】第1天15.5公里，第2天15公里。

【风景指数】★★★★
【强度级别】★★★★
【出行方案】

第1天（由桂林乘车至黑塘坪，徒步过茶田坳至双江口扎营）在桂林桂北客运站乘全州班车至天湖街（才湾路口）下（119公里），转乘南洞班车至终点站黑塘坪村（32公里）……继续顺车道上行（留意右侧小道穿插），至茶田坳（此路段8公里）……过坳岔路左下行，行1.5公里车道右侧弯道处山脊明显小道下溪谷（此路段1.5公里）……过溪左行车道过溪桥，行过大源里口，过文江桥顺路上行至南分水坳（此路段4公里）……过坳下走，遇岔路走左，至车道尽头（此路段2公里）……继续前行过溪，沿山腰小道一路下行，遇岔路直行，见水坝左下至水坝（此路段2公里）……择地安营扎寨。

紫花坪

小源里营地

小源里瀑布

　　第2天（由小源里顺溪谷而下，经九牛塘、汉江口、出三渡江班车路口）原路上行返山腰岔路口，顺路左下行至溪，过溪上行对面小道，沿小道顺溪流行，至九牛塘电站（此路段3公里）……下行车道（留意穿插小路），一路沿溪谷流水行，遇桥过桥，遇岔路直行，行8公里过汉江口，再行4公里出至三渡江村（此路段12公里）……搭乘过路班车返桂林（或搭乘过路班车行26公里至全州路口，转乘班车行127公里返桂林）。

　　【友情赠言】
　　●小源里坝左原建有小屋，现已毁。
　　●小源里最漂亮的瀑布、水潭及象鼻天生桥，均在坝下300米间一段。

象鼻天生桥

小源里
线路图

大源里穿越
DAYUANLI CHUANYUE

走进大源里之路

大源里穿越

　　海拔1360米的高山峡谷大源里（歌渡源），距桂林城116公里，位于全州天湖与小源里之间，天湖在其南，小源里在其北。大源里之水由文江、三潞江汇流而来，三潞江又由天湖、枪手坪、三潞江水库三个方向的水流汇集而成。大源里峡谷水流向东与小源里于汉江口汇合，最终流入湘江。

茶田坳

　　线路设计以天湖大坝为徒步起点，经三潞江水库顺流而下，由大源里穿越至三渡江出。天湖美，三潞江靓，大源里奇，三地一路行，如串明珠，美不胜收。

　　【行走路线】黑塘坪→天湖大坝→三潞江水库→鲨鱼坳→大源里→三河电站→汉江口→三渡江。

　　【线路描述】大源里为天湖北著名高山峡谷，位于天湖与小源里之间，汇4道水而东去，最终流入湘江。

　　【徒步里程】第1天12公里，第2天20公里。
　　【风景指数】★★★★
　　【强度级别】★★★★

　　【出行方案】
　　第1天（由桂林乘车至黑塘坪，徒步过天湖大坝至三潞江水库扎营）在桂林桂北客运站乘全州班车至天湖街（才湾路口）下（119公里），转乘南洞班车至终点站黑塘坪村（32公里）……继续顺车道上行（留意右侧小道穿插），至茶田坳岔路右走，至天湖大坝（此路段9公里）……过坝顺车道行600米至登山小道口（过水流有一小水泥平板桥，山脊上见明显路径。小道口图片见本章"穿越青山口"篇），过桥右沿小道上行山脊路，遇岔路行大路，行1公里至车道，三岔路前行向下（不走右上），再遇岔路走右下，至三潞江水库大坝水房，安营扎寨（此路段3公里）。
　　第2天（由三潞江水库穿越鲨鱼坳下走大源里，过汉江口出三渡江村）沿大坝外水泥阶梯下坝，沿溪左行百米入原始林，林中过溪桥，行百米出林走草坡（溪在左），再行1公里下行鲨鱼坳过溪（此路段2公里）……接行溪对面小道（路渐朦），遇岔路左下行至水渠，顺渠水

天湖

桂林户外运动丛书之
桂林户外登山100峰

上行，过溪坝上至车道（此路段2公里）……顺路右行至大源里口，路右见渠顺渠行，近水泥池前，右见下溪小路，下溪过溪，顺路行于歌

承渡源三河电站

三潞江水库

渡源溪谷左，至三河电站（此路段3公里）……过坝行车道，顺车道下行4公里过双和电站，再行5公里过大西江电站、汉江口，再行4公里过歌渡源电站至三渡江村班车路口（此路段13公里）……搭乘过路班车返桂林。

【友情赠言】
●乘班车到达才湾路口后，亦可包乘微旅车直至天湖大坝（41公里）。
●过茶田坳不走三潞江可直下大源里（参见上篇"穿越小源里"）。
●穿越出三渡江后，如无返桂林车，亦可搭乘过路班车行26公里至全州路口，转乘班车行127公里返桂林。

穿越鲨鱼坳

大源里
线路图

环游逛天湖

HUANYOU
GUANGTIANHU

03

天 湖

环游逛天湖

"五岭逶迤腾细浪"这是毛泽东的著名诗句，你可知江南五岭之首越城岭山系之上璀璨的明珠？那就是天湖。天湖位于桂林城北偏东112公里，地处全州县才湾、龙水、大西江三镇交界的皇帝大殿盆地。

高山出平湖，天湖水库群由天湖、三潞江、海洋坪、真宝顶、放牛坪等13座高山水库组成，这些水库平均海拔1600米，分布于海拔2123米的华南第二高峰真宝顶东北7公里范围。

天湖是13座水库中最大、最漂亮的一座人工湖。天湖海拔1643米，南北走向，长1500米，宽400米，库容1250万立方米，天湖水电站装机容量6万千瓦，年发电量1.78亿千瓦时。该电站水头落差高达1074米，据说水压之大，滴水可洞穿人体，号称亚洲第一高水头电站。

天湖有日月同辉之奇观，可赏太阳与月亮同映天湖。天湖烟霞浩淼、波光粼粼，云水相依，如入蓬莱仙境，是户外休闲的理想之地。

【行走路线】黑塘坪→密江电站→天湖副坝→宾馆通讯塔→天湖大坝→茶田坳→黑塘坪。

【线路描述】天湖系越城岭13座水库中最大最漂亮的人工湖，海拔高度1643米，享越城岭高山明珠之誉、可赏日月同辉之奇观。

【徒步里程】第1天5公里，第2天11公里。

【风景指数】★★★★☆

【强度级别】★★★☆

天湖副坝

【出行方案】

第1天（由桂林乘车至黑塘坪，徒步至天湖，赏天湖美景） 在桂林桂北客运站乘全州班车至天湖街（才湾路口）下（119公里），转乘南洞班车至龚家桥（不过桥。31公里）……桥前岔路右走，经南湾里至白竹山村（此路段1公里）……顺水渠上行，过溪，遇岔溪再过溪，一路顺溪而上，行于溪左林中，出林前上方见蜜江电站机房，顺路登至车道，行至电站（此路段3公里）……由机房背水管侧阶梯上行，右走老屋，穿过老屋继续上行，走完阶梯见废渠，沿渠右平走，上至天湖副坝安营扎寨（此路段1公里）。

密山电站

登高赏天湖

路段1公里）……原路下山返宾馆，继续前行至大坝，不过坝直行至茶田坳（此路段2公里）……岔路左下，行车道（或穿插小道）下至黑塘坪村（此路段8公里）……乘班车（或包车）返天湖街（才湾路口），搭乘过路班车返桂林。

【友情赠言】
●包车或自驾，车可直达天湖营地。
●不露营亦可选择入住天湖宾馆。
●下山不想走车道，亦可由副坝原路返龚家或由蜜江电站右走黑塘坪（参见见本章"二王山大穿越"）。

天湖大坝

第2天（登高赏天湖美景，行车道穿越下山至黑塘坪）顺车道左行至天湖宾馆，放下重装沿宾馆左侧小道登山，至草山顶通讯塔机房（此

登天湖的车道

天湖
线路图

穿越青山口 ③

CHUANYUE
QINGSHANKOU

青山口

穿越青山口

　　全州天湖有个风光绝妙的青山口，这事在桂林驴友中无人不晓。青山口位于天湖东4公里，距桂林城区115公里。《全州县志》载："青山口，位于龙水乡境，属越城岭山脉，南北走向" GPS实测海拔1874米。

登山路口

　　青山口顶为石峰，巍峨高耸，南为陡壁千仞，悬崖万丈，立于此山，可极目远眺，一览多娇江山。青山口南及北白水坪有小路，历来是龙水、大西江方向登山之上下通道。

　　青山口一路风光，主打景观有大草甸、戴帽石、元宝石、孤树冲。大草甸处海拔1600米高山小盆地间，平坦开阔，流水潺潺，芳草萋萋，散布着多处戴帽石、元宝石等奇石。孤树冲古树苍劲，一树独立，下有青青草坪、汩汩清泉，是户外的绝佳露营。

　　如今游天湖者，无不把青山口作为必游之地，驴友更是如此！

　　【行走路线】天湖大坝→登山路口→大草甸→孤树冲→青山口→白水坪→电站前渠→青山湖电站→大仙村→杠口→亭子江。

　　【线路描述】青山口为户外著名风景地，

一路风光靓丽，登天湖必游之地。

　　【徒步里程】第1天7公里，第2天13公里。
　　【风景指数】★★★★
　　【强度级别】★★★☆
　　【出行方案】

　　第1天（由桂林乘车至天湖大坝，徒步登青山口，扎营孤树冲） 由桂林桂北客运站乘全州班车至天湖街（才湾路口）下（119公里），包小面包车至天湖大坝（41公里）……过坝后顺车道行600米至登山小道口（过水流有一小水泥平板桥，山脊上见明显路径。此路段不足1公里）……沿小道上行山脊路，遇岔路行大路，行1公里至车道右走（左下见三潞江水库），右下见大草甸盆地时，离车道行山脊小道下盆地（此路段3公里）……左行穿过大草甸，返车道右走过白水坪茅屋，上坡前右下小道，顺道至孤树冲营地（此路段2公里）……放下重装顺路继续上行，至坳后左登顶青山口（此路段500米）……下顶原路返孤树冲安营扎寨（此路段500米）。

　　第2天（由白水坪经青山湖电站前渠下山，过

走下大草甸

 桂林户外运动丛书之4
桂林户外登山100峰

武倌石

岔路左走顺山脊路下行，半山遇岔路行大路，顺水管下至青山湖电站（此路段2公里）……沿车道下行，岔路走右，至大仙村（此路段3公里）……继续下行过水库，遇岔路下行大路（车道弯曲处留意右侧穿插小道）至杠口（此路段6公里）……搭乘三马车出至亭子江（4公里）……搭乘班车返桂林（148公里）。

【友情赠言】
●天湖街不包车亦可搭班车至黑圹坪，行小道登至天湖大坝（详见本丛书之1《山水桂林户外徒步实用手册》P109之攻略）。

●自驾车可经三潞江水库或过天湖副坝直达白水坪孤树冲小道口。

青山口之巅

孤树冲

大仙村至杠口出亭子江，乘班车返桂林）由孤树冲营地返白水坪茅屋，顺路右走至青山湖电站前渠（此路段2公里）……直下青山坳过水管，

青山口线路图

真宝顶

SUCHUAN
ZHENBAODING

速穿真宝顶

丁丑（1637年）闰四月十三日，云开日丽，我国古代大旅行家徐霞客一路行来，忽望西北有山甚岿突，问之为钩挂山，其上又有真宝顶，甚奇异，便由白竹入南洞，翻越打狗岭，经大源、大皮山、旧角庵基和石墙如环，半圮半立，而栋梁颓腐横地，止有大圣像首存

龚家登山起点

石垆中之宝顶殿基，几经周折，最终登顶真宝顶。那时候，徐霞客并不知道真宝顶的高度，更不知其在华南山峰的地位。《全州县志》载：真宝顶，越城岭山脉主峰，雄居山脉中部，地处才湾乡境内，海拔2123.4米，为广西第二高峰。

真宝顶位于桂林城北偏东109公里，地处全州、资源两县交界处。真宝顶山势陡峭，雄伟壮观，早年观音竹已无存，植被多为低矮蒿草。平日山顶云飞雾绕，风狂雨骤，晴时万里锦绣，无限风光。

如今，真宝顶已经成为户外登山的热点。驴友登真宝顶多出天湖公路转至真宝顶水库从新安塘上，少有人知其另有5条登顶线路，一是从资源铜座牛仔坪上山，二是由铜座大皮山攀行，三是从全州南洞松木冲登打狗岭后向东穿

越登顶，四是由茶田坳走茶坪水库登山，五是由南洞龚家行山脊直登顶峰。本篇线路设计是从龚家行山脊直接冲顶真宝顶，再由顶峰穿越下资源大皮山出铜座。这条路线的特点是，登顶沿山脊直上，行程是常规线路的四分之一，下山可观古宝顶殿基、旧角庵基。

【行走路线】龚家→真宝顶→宝顶殿基→钩挂山→旧角庵基→大皮山。

【线路描述】真宝顶为越城岭山脉主峰、华南第二高峰，徐霞客登过的高山。走山脊直接登顶，下山可观古寺庙宝顶殿遗址、观角庵遗址。

【徒步里程】第1天5公里，第2天5公里。

【风景指数】 ★★★★☆

【强度级别】 ★★★★

【出行方案】

第1天（由龚家登顶真宝顶之巅，安营扎寨）

在桂林桂北客运站乘全州班车至天湖街下（119公里），转乘南洞班车至龚家（31公里）……村北口车道左（西）侧过溪直上山脊（不沿山沟行），一路顺山脊上行，至杉木林行林右，过林后遇几处石崖，攀爬而上或从其右绕过，至山坳树丛，走右侧山脊上行（此路段4公

登顶之路

走下真宝顶

越之旅"篇，及本丛书之2《徒步桂林10大经典特色线路》中"真宝顶"篇。

●真宝顶顶峰南北两侧下行百米均有水源。

宝顶殿遗址

里）……真宝顶出现，继续行至真宝顶下，过水流由两侧（左或右）绕行择路登至顶（此路段1公里）……择地安营扎寨。

第2天（由真宝顶下山，经宝顶殿遗址、钩挂山、角庵遗址至大皮山村）由山顶废弃机房向西南方向沿山脊防火道下行，过宝顶殿基，顺山道左转后朝钩挂山方向下行，近钩挂山木锤包坳口时右走，过溪水后直下山谷平地，右过流水，行百米至角庵遗址（此路段3公里）……继续顺路下行，沿石垒墙至溪，过溪一路下行至大皮山村（此路段2公里）……乘班车（或包车）至资源县城（42公里），转乘桂林班车返桂林（114公里）。

【友情赠言】

●登顶真宝顶亦可参阅本丛书之1《山水桂林户外徒步实用手册》中"天湖-真宝顶穿

角庵遗址

真宝顶
线路图

真宝顶 2123.4
营地
宝顶殿遗址
角庵遗址
大皮山
木锤包坳
钩挂山
黑塘坪
龚家

钩挂山

钩挂山穿越

GOUGUASHAN
CHUANYUE

钩挂山穿越

越城岭山脉名山钩挂山位于真宝顶南1公里，距桂林城108公里，地处全州与资源两县之界。

当年徐霞客登真宝顶，先知钩挂山而后知真宝顶。在他的游记中写道："南峰之近者为钩挂山（石崖峭立，东北向若削）。"钩挂山是一座海拔1968米的石峰，此山甚屼突，东北面直壁如削，故又称刀切蛋，登顶只能由西侧攀登，顶为草山。

钩挂山下古寺角庵遗址旁刀切蛋营地泉水清流，草坪宽广，是一方漂亮的营地。线路设计以资源大皮山为徒步起点，轻装登顶钩挂山后，扎营刀切蛋营地，第2天穿越鸡公坳下至龚家。

【行走路线】大皮山→角庵遗址→刀切蛋营地→钩挂山→干江塘里→鸡公坳→龚家。

登山起点大皮山

【线路描述】钩挂山是徐霞客描述过的越城岭主要高峰，石顶草山、石崖峭立，东北向若削，以资源大皮山为起点、全州龚家为终点。

【徒步里程】第1天4公里，第2天6公里。

【风景指数】★★★★
【强度级别】★★★★

刀切蛋营地

【出行方案】

第1天（由桂林乘车至大皮山村，登钩挂山后返刀切蛋营地扎营）从桂林桂北客运站乘资源班车至资源县城（114公里），转乘铜座班车至终点大源大皮山村（42公里）……出村行至车道尽头接行小道，上坡沿山谷一路上行，行1公里岔路走右，过溪后沿石垒墙左上，再行1公里至古庙角庵遗址，顺古塔废墟侧小道上行，行百米过溪至刀切蛋营地（此路段2公里）……放下重装，轻装继续向坳口上行，至溪过溪，顺山坡直上，攀无路草山坡麻直登顶（此路段1公里）……下顶返营地。

第2天（由营地过大岵岭坳、干江塘里、鸡公坳下至龚家村）从营地出发上行过溪，顺小道行数十米岔路右走，上至前方大岵岭坳……坳口岔路穿越下走，至干江塘里过溪，行百米遇岔路左上登草坡至鸡公坳（此路段2公里）……顺路右走下山，行百米遇岔路左下，过溪至崖，随路左转（山下村寨出现），下陡峭山路，行古道石

钓挂山鳄鱼石

钓挂山顶望真宝顶

阶，至山脚（此路段3公里）……遇岔路左走，再岔路右出顺流而下，过两座小桥至龚家村（此路段1公里）……搭乘班车（或包车）至天湖街322国道口（31公里），转乘过路班车返桂林（119公里）。

【友情赠言】
● 登此山亦可与登真宝顶一并出行。
● 资源开铜座班车每日两班：12：00、14：00。
● 南洞开全州班车每日清早2班，13点1班。下山出龚家如错过班车，可包村民车至山川，然后转车才湾再搭乘班车返桂林。

古道下龚家

钓挂山 线路图

二王山

ERWANGSHAN
DACHUANYUE

二王山大穿越

全州天湖南3公里处有个海洋坪，海洋坪东南有两座山，一为大王山，一为二王山，二王山在大王山北，比大王山高。《全州县志》载：海洋坪，位于才湾乡境，属越城岭山脉，南北走向，海拔为1605米。大王山，位于龙水乡境，南北走向，海拔1702米。二王山，位于龙水乡境，南北走向，海拔1810米。海洋坪现为一片水域，筑有海洋坪水库。大王山顶树有铁架。

天湖电站俯瞰

越城岭山脉著名高山二王山，距桂林111公里，顶为草山，山顶石上留有金属勘测标识。二王山下有二王山水库。过海洋坪水库由山脊可直达二王山之巅。近年来，登二王山的驴友渐多。

徒步起点天湖水电站水头落差高达1074米，号称亚洲第一高水头电站，据说水压之大，滴水可洞穿人体。天湖电站装机容量9万千瓦，年发电量3.4亿千瓦时，每立方米水可发电2.37千瓦。国务院副主席、全国人大副委员长、全国政协副主席等领导曾为电站题词。

【行走路线】天湖电站→二王山水库→二王山→海洋坪→天湖副坝→蜜江电站→黑塘

坪。

【线路描述】二王山为越城岭山脉著名高山，位于天湖南侧，顶为草山，登山以天湖电站为徒步起点。

【徒步里程】第1天10公里，第2天11公里。

【风景指数】★★★★

【强度级别】★★★★

【出行方案】

第1天（由桂林乘车至天湖电站，徒步登顶二王山，扎营海洋坪）在桂北客运站乘全州班车至才湾路口（天湖街。116公里），搭乘全州开驿马-天湖电站班车（或包车）至天湖电站（21公里）……沿大门外左边路转至电站后，右拐过桥行至输水管，由管右侧阶梯直上，走完阶梯是涵洞口，上行车道（留意穿插小道）至水渠，左行水渠，遇路行路，小道穿插车道，至山头（此路段3公里）……顺车道行，过二王山水库800米至大拐弯处（路右林间见明显小道。此路段3公里）……右行小道百米，左走登山至山脊路，顺路右上行至主峰下竹林，穿过竹林至顶（此路段1公里）……原路下顶至山脊路，右平走下见海洋坪水库，沿路下至车道（此路段2公里）……

登山路口

 桂林户外运动丛书之4
桂林户外登山100峰

山顶标志

天湖副坝（此路段7公里）·····过坝沿阶梯左下坝，沿右侧山腰老渠道平走至废弃前渠，左下阶梯至废弃老屋，过屋右走，顺水管下至电站机房（此路段1公里）·····车道右走行过小屋，继续行车道至下行小道路口（此路段500米）·····左下山脊小道，顺道右绕下行山脊，左路下行过水流，下至溪侧，沿溪左小道顺流而下，过溪行田间路至车道，左下车道行至黑塘坪（此路段3公里）·····乘班车（或包车）出322国道才湾路口（天湖街。32公里），转桂林班车返桂林。

【友情赠言】

●从黑塘坪开出末班车13：00。

●第1天强度感觉大时，可扎营二王山下第2天登顶。

下山路口

海洋坪水库

右行，过坝至海洋坪水库管理处，安营扎寨（此路段1公里）。

第2天（由海洋坪行至天湖水库副坝，经蜜江电站下至黑塘坪村）继续沿公路上行，遇岔路均行左，行4公里至正江顶坳口，再行3公里下至

二王山 线路图

打狗岭

FANYUE DAGOULING

翻越打狗岭

越城岭山脉钩挂山往南的高山是打狗岭，当年徐霞客登顶真宝顶后，在他的游记中写道："南峰之近者为钩挂山，再南即打狗岭，再南为大帽，再南宝顶……"

打狗岭距桂林城107公里，为全州、资源两县界山。《全州县志》记："打狗岭位于才湾乡境，属越城岭山脉，南北走向"。紧挨钩挂山的打狗岭，与钩挂山山脉相连，顶为草山，GPS实测海拔为1890米。

《徐霞客游记》记载："路沿溪西北崖上行，缘崖高下屈曲，十里出峡，为南峒。有一僧同行，曰：'四川路已没，须从打狗岭上，至大竹坪而登，始有路。'遂随之行。由溪桥度而西上岭，有瀑布在其左腋，其上峻极。共三十里至打狗凹……"

本篇线路设计走徐霞客之路由南洞登至打狗坳（凹），登顶后穿越下大源出。

【行走路线】铺里→松木冲→打狗坳→打狗岭→干塘江里→大源。

【线路描述】打狗岭为越城岭著名高山，全州与资源两县界山，顶为草山，线路设计行徐霞客登山之路。

铺里徒步起点

【徒步里程】第1天4公里，第2天8公里。
【风景指数】★★★★
【强度级别】★★★★
【出行方案】

走过白水帐瀑布

第1天（桂林乘车至铺里，徒步登至老庵堂扎营）在桂北客运站乘全州班车至天湖街下（119公里），转乘南洞班车至铺里（28公里）……在车道下行过桥，顺道过松木冲村，左上行（白水帐瀑布方向）石阶小道，顺路过小桥，一路行于山脊之左，遇岔路上走，穿过竹丛、树林行至草山，遇岔路左平走至老庵堂，就地露营（此路段4公里）

第2天（经打狗坳登顶打狗岭，穿越下山经干塘江里至大源村）左走过水源上行石阶路，过山脊草坪，顺路入原始林，过两道水流，出林上行至打狗坳（此路段2公里）……坳口顺路右上走（不过坳），右过沟继续上行，遇岔路走右，顺草山脊直达打狗岭之巅（此路段1公里）……下顶一路顺山梁小道行，行过第3处沙化地时，岔路左走入林（关键岔路），林间过流水，遇岔路直行，顺路左下草山坡，顺路下至干塘江里（此路段2公里）……穿过厚朴林顺山谷直下，沿溪而行不离溪，至大源村（此路段3公里）……乘班车（或包车）至资源县城（42公里），转乘班车返桂林（114公里）。

【友情赠言】

●由南洞铺里、松木冲走大竹坪是古代全州、资源两县间重要通道，筑有9公里石阶路翻越打狗坳。

●登顶后穿越下山错过下山岔路时，可依旧顺山梁行至鸡公坳（路略远且陡），而后左下干塘江里走大源（亦可右下龚家。参见上篇"钩挂山穿越"）。

打狗坳

打狗岭看天湖

老庵堂营地

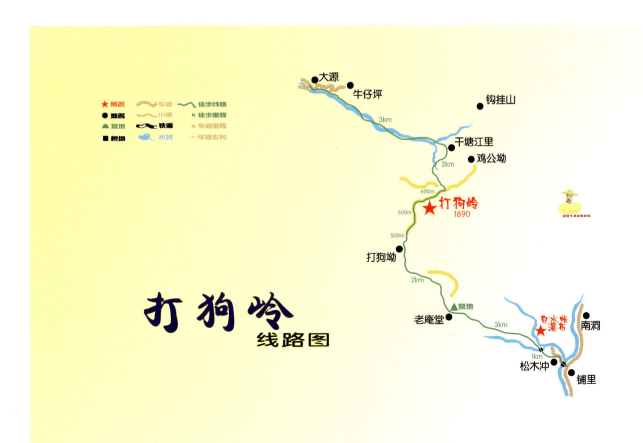

打狗岭
线路图

穿越鬼崽石

鬼崽石

CHUANYUE GUIZAISHI

《桂林漓江志》称：沿资源、全州两县交界线延伸的越城岭山脉的一些山峰，按北东往南西方向排列，其名称是打狗岭、鬼崽石。

越城岭名山鬼崽石，位于桂林城东北104公里，据打狗岭南侧2公里处。鬼崽石为资源与全州两县界山，可由打狗坳方向登顶。

鬼崽石营地

GPS实测海拔1820米的鬼崽石，山名因顶有石如鬼崽而得。此石背西面东，伟岸高耸，如妖似鬼，惟妙惟肖。山顶为高山草地，水源丰富。

线路设计行当年徐霞客登山之路，以全州松木冲为徒步起点，登顶后向西穿越至资源铜座出。

【行走路线】铺里→松木冲→老庵堂→鬼崽石→打狗坳→杨家→铜座。

【线路描述】鬼崽石为越城岭名山，顶为高山草地，因有石如鬼崽而得名，行当年徐霞客路。

【徒步里程】第1天6公里，第2天12公里。

【风景指数】★★★★

【强度级别】★★★★

【出行方案】

第1天（桂林乘车至铺里，徒步经松木冲、老庵堂，登至鬼崽石下扎营）在桂北客运站乘全州班车至天湖街下（119公里），转乘南洞班车至铺里（28公里）……左车道下行过桥，顺道过松木冲村，左上行石阶小道（白水帐瀑布方向），顺路过小桥，一路行于山脊之左，遇岔路上走，穿过竹丛、树林行至草山，遇岔路左平走至老庵堂（此路段4公里）……左走过水源上行石阶路，至平坦草地，原始林前直上草山脊，顺路行至山窝草坪，安营扎寨（此路段2公里）。

第2天（轻装登鬼崽石顶，走近鬼崽石，返营地后穿越下铜座返桂林）轻装前行登顶左前方山头，至鬼崽石最高处（北可望真宝顶、大帽岭，南可望鬼崽之石），顺山梁南行接近鬼崽石（此路段2公里）……返身左下山包，顺山沟路返营地（此路段2公里）……沿小道向北行，登右前

鬼崽石之巅

走近鬼崽石

【友情赠言】
●营地两侧沟谷均有水源，前行百米右侧山沟水源较大。

南望鬼崽石

方山包，顺山脊下至打狗坳，左（西）下坳，遇岔路右走顺水而行，至杨家（此路段4公里）……一路行车道下走至铜座村公所（此路段4公里）……乘班车（或包车）往资源（38公里），转乘班车返桂林（114公里）。

●第2天把握好时间，以免到达资源后错过回桂林班车。

●出行此线路可参考本章"翻越打狗岭"篇。

北望鬼崽石

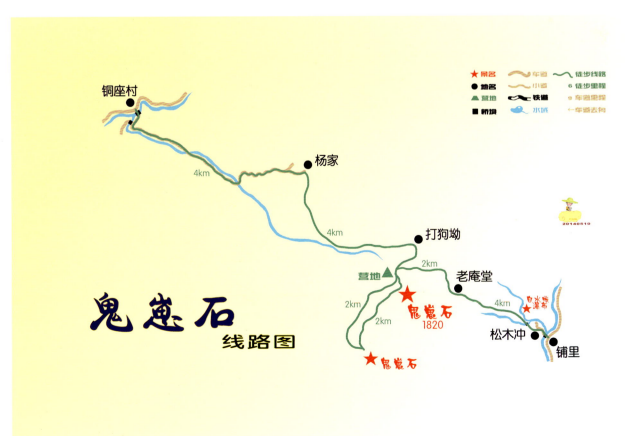

鬼崽石
线路图

铜座村

杨家

4km

4km

打狗坳

2km

老庵堂

营地

4km

白水塘瀑布

2km

鬼崽石
1820

2km

松木冲

铺里

鬼崽石

20140510

景名　车道　徒步线路
地名　小道　6 徒步里程
营地　铁道　9 车道里程
桥墩　水域　车道去向

大帽岭穿越

DAMAOLING CHUANYUE

大帽岭

大帽岭穿越

《桂林漓江志》载：大帽岭又名大茅岭、达摩岭，海拔1752米。位于资源县城北东14千米处，延东乡晓锦村所辖。东与全州县交界，岭上峰峦层叠，有观音山、莲花台、老虎石诸胜。岭北坡上坳处有一条山路，旧时是通往全州州城的要道，一路攀岩涉险，崎岖无比，今已少人行。

登山古道口

越城岭名山大帽岭北近鬼崽石，南邻斜桶石，距桂林市区98公里。此山下为杂木林，山顶为连绵草山。

线路设计沿西延古道而行，以全州山川为徒步起点，登顶大帽岭后，穿越下资源上梁，由九公桥出。此古道曾建有寺庙数座，现仅存遗址。

【行走路线】山川→拱桥头→俊必塘→老虎头电站→小帽岭营地→大帽岭→上梁→同禾→九公桥。

【线路描述】大帽岭为越城岭著名高山，岭北坳口有古道连接全州、资源两县，线路设计便是行此古道，由东向西登顶穿越。

【徒步里程】第1天12公里，第2天18公里。

【风景指数】★★★★

【强度级别】★★★★

【出行方案】

第1天（由桂林乘车至山川，徒步经拱桥头、俊必塘、老虎头电站，扎营小帽岭营地）在桂北客运站乘全州班车至天湖街下（116公里），转乘班车至山川（18公里）……村中岔路直行（不过右桥），行车道2公里右过桥，沿溪畔车道上行，至拱桥头左过桥仍沿溪行，彭家村前岔路右走，上坡岔路走左，至车道尽头俊必塘电站（此路段6公里）……俊必塘电站前岔路右上百米至六和源电站，过机房遇岔路左上石阶，顺水管行山脊古道至独户农家，岔路右上行200米至古亭遗址，继续上行过古石闸门至水渠，顺渠左行至老虎头电站（或过渠继续上行古道。此路段3公里）……电站机房前右上山道，返古道后左上行，至山脊遇岔路左走（右路去往电站前渠），上行至水渠，过渠接行古石道，越数道拦牛墙至山谷平地，过竹林遇岔路左上行（关键岔路）过小坳（见坳口两巨石）下沿水流右侧小道行300米至小帽岭营地（此路段3公里），安营扎寨。

第2天（由营地出发登顶大帽岭后，过界口下走上梁，经同禾出九公桥）由营地继续前行过溪

古道闸门

返古道，穿树林后遇岔路左平走，过古庙遗址，遇岔路左上行至牧羊棚，右登大帽岭顶（此路段2公里）……过顶西北行，顺路右下小山窝，走至资源界口（此路段1公里）……岔路左下资源界，一路行石阶古道顺山谷下，过半山庵古寺庙遗址、古石桥，经半山岭行车道下

下资源古道垭口

小帽岭营地

【友情赠言】
●山川至俊必塘6公里车道亦可包车直达。
●此古道工程浩大，精工修筑，近因修筑公路、少有人行、年久失修逐渐毁坏。

牛粪田、岩门前、黄泥田至上梁村（此路段8公里）……沿水库右侧行过大坝遇岔路左走至副坝，坝前车道右走至陈村（神天坳），左下行小道，过古石桥、过凉亭下坳至车道，右走过同禾村，沿溪畔车道出至九公桥（此路段7公里）……搭乘过路班车返桂林（112公里）。

大帽岭之巅

大帽岭
线路图

横穿斛桶石

HENGCHUAN
HUTONGSHI

宝鼎望斛桶石

越城岭上著名高峰斛桶石，位于大帽岭与宝鼎之间，距桂林城97公里，南北走向，海拔1906米，是全州与资源两县的界山，《桂林漓江志》及《全州县志》均有介绍。

斛桶石

斛桶石山以石名，峰顶立有叠垒三巨石，名斛桶石。此石天工造物，美哉壮哉，蔚为奇观，难以置信，乃此山户外标志石。"斛"为古代量器，十斗为升，十升为斛。

此山下为原始林，顶为开阔草山，水源丰盛。立于顶视野辽远，越城岭山脉南北高峰、东西两县景物尽收眼底。

线路设计以资源九公桥为起点，登顶斛桶石后，穿越下全州拱桥头村。

【行走路线】九公桥→同禾→宝鼎水库→金竹坪→斛桶石→青山口→老虎头→俊必塘电站。

【线路描述】斛桶石是越城岭著名高山，山由奇石得名，顶为草山，视野辽远，由西向东资源穿越全州。

【徒步里程】第1天18公里，第2天10公里。

【风景指数】★★★★

【强度级别】★★★★☆

【出行方案】

第1天（桂林乘车至九公桥，徒步经上梁、金竹坪到达斛桶石）由桂北客运站乘资源班车至九公桥下（112公里）……右行溪右车道，遇岔路行主道，过同禾村委，再行遇岔路左过水泥板小桥（左见坳上凉亭），沿小道顺流上行过凉亭，过坳，过石桥至陈村，行车道至宝鼎水库副坝（此路段6公里）……直行遇岔路右行过水库大坝，入上梁村，村中岔路行右，过村仍一路沿湖畔行，右过溪桥（此路段2公里）……沿小道上山坡，凡遇岔路上行大路，右过坳见田地，平走至金竹坪村（此路段2公里）……入村沿车道左行，出村岔路右上小道，岔路左行过水渠上车道左走百米，右行小道遇岔路左下过溪，车道右走过水流，遇岔路均左行，过药场（此路段2公里）……再行遇岔路左行小道，穿插返车道左走，岔路右行，一路石阶古道行2公里过天子石，再行1公里遇岔路左走（石阶古树下。此路段3公里）……上行遇岔路行防火道，绕山窝攀石山过坳，至斛桶石下营地（此路段3公里）。

第2天（由斛桶石下山，经青山口、老虎头电站至俊必塘电站）登顶后返营地（此路段1公里）……顺路北行，绕山左平走，行400米至戴

斛桶石营地

帽石前岔路（关键岔路口）直行下走，过小树林右入竹林，穿过竹林下至青山口（此路段1公里）……右下坳，顺路左走，过水流，穿竹林，走原始林，至草山，沿山脊下走，左转来至老虎头下观景台（此路段2公里）……继续下行，入林，至水渠（此路段1公里）……穿过水渠下走，过水流，一路沿山腰路基本平走，过数道水流至古道（此路段2公里）……下行古道

青山口

由九公桥登山线路可参考下篇"宝鼎山大穿越"。

●斛桶石营地水源在左（西）侧，水来自斛桶石峰顶。

●斛桶石经青山口穿越下山至水渠后，亦可顺渠左走，转至路口后顺路右下行。

南望宝鼎

老虎头

约1公里，右见岔道，行此路下至老虎头电站，沿水渠左行，行约500米顺路右下走，至古闸门（此路段2.5公里）……再行300米至古凉亭，再行200米至人家，继续下行至俊必塘电站车道（此路段1.5公里）……搭村车（或包车、徒步）至山川（6公里）、乘车返天湖街（18公里）、搭乘班车返桂林（116公里）。

【友情赠言】

●去往宝鼎水库亦可至资源后包车前往，

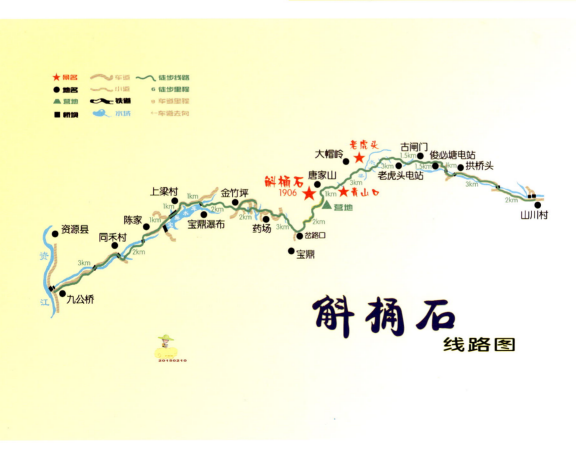

斛桶石
线路图

20150210

宝鼎山

DAODINGSHAN DACHUANYUE

宝鼎山大穿越

驴友称为南宝鼎，俗称宝鼎之宝鼎山，古称覆釜山，为资源、全州两县界山。宝鼎山顶名白云峰，海拔1926.8米，距桂林城96公里。

九公桥

越城岭山脉奇峰排立，最奇莫过宝鼎山。此山如倒置铁锅，故名覆釜。山上白云庵相传为无量寿佛修真处，宋、元以来历为粤北、湘南佛教胜地，今古庵犹存。庵南有石径上峰顶，宽仅容足，左为悬崖，右为深渊，取名定心桥，过此险处为圣水岩，有水从岩隙间流出注于石盘，澄澈清寒，不溢不竭，名圣水，岩中有演经台。度岩西折，悬崖万仞，云生足下，此处名为舍身崖，登顶必经此险。我国古代著名旅行家徐霞客云游此山，游记中对山中景物曾做细致描述，为后人留下宝贵资料。

【行走路线】九公桥→同禾→宝鼎瀑布→电站→金竹坪→白云庵→宝鼎→苦炼庵→小溪源→山川。

【线路描述】此山为越城岭最奇险之峰、徐霞客登山做过细致描述、一路古迹胜景。

【徒步里程】第1天15公里，第2天20公里。

【风景指数】★★★★☆

【强度级别】★★★★☆

【出行方案】

第1天（桂林乘车至九公桥，徒步经宝鼎瀑布至古白云庵）由桂北客运站乘资源班车至九公桥（112公里）……右行溪右车道，遇岔路行主道，过同禾村委，再行遇岔路左过水泥板小桥（左前见坳上凉亭），沿小道顺流上行过凉亭，过坳，过石桥至陈村，行车道至宝鼎水库副坝（此路段6公里）……岔路左行（不过坝），再遇岔路右走过大坝，上梁村中遇岔路右行，沿湖边路过村屋岔路右走至宝鼎瀑布前，沿阶梯登山至电站，左行车道上至金竹坪（此路段3公里）……过村一路行车道，遇岔路均走右，过水流过药场，左见小道穿插返车道，遇岔路右行石板路（此路段2公里）……顺石阶而上，一路左谷右山，行2公里过天子石，再行1公里遇岔路直上行，行百米过水流，至过山坳，坳口岔路右上至古白云庵（宝鼎寺。此路段4公里）。

第2天（登宝鼎后返寺庙，穿越下山经苦炼庵至山川）由寺庙左侧沿路上行山腰过白云峰，下走定心桥过脊处，登对面崖壁定心石，岔路左走至圣水岩，返回路口左上攀舍身崖登飞锡绝顶，原路返白云庵（此路段2公里）……原路出寺庙行至坳口，右路穿越下峭石悬级，出耸石立

宝鼎大瀑布

路之"白云洞天"及3座"天门"，遇岔路左行石阶路，再遇岔路右平走（一路不离山脊），过题龙庵遗址，顺路再行2公里遇岔路，左路下过小桥至苦炼庵（此路段5公里）……庵前右下行过溪桥，上行古石阶路至车道，右行车道，遇岔路左走正道，下至欧家冲村（此路段4公里）……继续沿车道行，遇岔路右下行至老婆

定心石—舍身崖

古白云庵

【友情赠言】
●出行此线路亦可参考上篇"横穿斛桶石"及本丛书之2《徒步桂林10大经典特色线路》"宝鼎山"篇走法。

田村，村前岔路左走水泥路，行1公里至小溪源村，村中左上小路至班车道（此路段2公里）……车道左上行，遇岔路行大路，沿此路行至山川村（此路段7公里）……搭乘村拉客车至才湾天湖行走路口（18公里），搭乘过路班车返桂林（116公里）。

苦炼庵

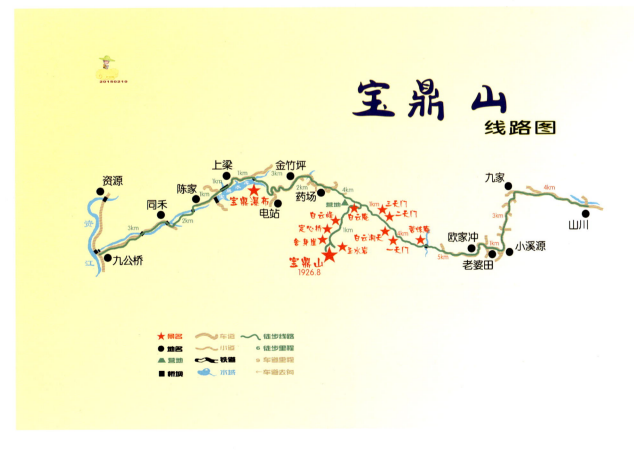

哪吒山

HUANCHUAN
NEZHASHAN

环穿哪吒山

宝鼎山南有一山与之峰峦对峙，这就是哪吒山。哪吒山GPS实测海拔1920米，距桂林城95公里，系全州、资源两县界山。此山下为竹林，上为草坡，顶为石峰，与宝鼎山之间行山脊可穿越。

宝鼎水库

哪吒山最著名的是莲花座，《桂林漓江志》曾有记载。位于哪吒山顶南侧，被1800米以上高峰围定的莲花座盆地呈圆形，海拔1786米，面积1平方公里，四周一圈圈小山围如莲花花瓣，山包绿树葱嵘，平坦草坪水源丰盈，四周矮竹林清泉淙淙，环绕整个大草坪绿草青青。古时草坪上曾建有寺庙、石塔，委实一方越城岭山脉的风水宝地！

【行走路线】上梁→宝鼎瀑布→金竹坪→哪吒山→莲花座→毛竹庵→宝鼎水库副坝→同禾→九公桥。

【线路描述】哪吒山与宝鼎山对峙，南侧莲花座风光秀丽、水源丰盛，古时曾建有寺庙，堪称户外5星营地。

【徒步里程】第1天11公里，第2天15公里。

【风景指数】★★★★☆

【强度级别】★★★★☆

【出行方案】

第1天（桂林乘车至上梁，徒步经金竹坪登顶哪吒山，扎营莲花座）由桂北客运站乘资源班车至资源县城（114公里），站前乘（或包）微客至上梁村（12公里）……向前穿村而过（村中岔路右走），过村仍湖畔行（见右侧湖对岸宝鼎大瀑布），遇岔路行湖边路过村屋，岔路右行过凹，下行右过溪桥，上行小道登山（此路段1公里）……遇岔路右上，再遇岔路行中，再遇岔路直上（凡遇岔路上行大路，不改方向），上至田地后顺路平走入金竹坪村（此路段2公里）……车道左走过村遇岔路右行石阶小道，岔路左行，穿过水渠上车道，行百米右走小道，过田地遇岔路走右，上车道行百米遇岔路左入林，行小道上山坡，凡遇岔路上行大路，过3道水流至草山，穿细竹丛上至坳口哪吒山主峰下（此路段4公里）……放下重装左上山坡，登至哪吒山顶（此路段600米）……原路下顶返坳口，顺路前行下走，3过细竹林水流来至莲花座大草坪，安营扎寨（此路段2公里）。

第2天（由莲花座下穿至毛竹庵，经水库副坝、同禾出九公桥乘车返桂林）沿昨天来路过第

莲花座

哪吒山之巅

【友情赠言】
● 宝鼎瀑布至金竹坪走法另可参考前篇"宝鼎山大穿越"。
● 哪吒山穿越亦可参考本丛书之2《徒步桂林10大经典特色线路》"哪吒山"篇。

一道竹林间流水后左路上山包，遇岔路右走，至南天门坳岔路直行，转山头遇岔道行大路，行山腰路过3道竹林间水流至防火道，沿防火道、山脊下至石峰前草坪（此路段3公里）⋯⋯顺右路下走入林（关键路口），遇岔路左走大路，沿山脊下至山脚，岔路右走，过2座小桥至毛竹庵村（此路段2公里）⋯⋯车道左走，行2公里过宝鼎水库副坝，岔路左走过陈村接行小路，顺山凹下行过古石桥，过坳下坳，行石阶至车道右走，一路顺溪流行过同禾村委出至九公桥班车路口（此路段8公里）⋯⋯搭乘过路班车返桂林（112公里）。

哪吒山望宝鼎山

毛竹庵出现

哪吒山 线路图

石排山

HENGCHUAN
SHIPAISHAN

横穿石排山

石排山又名四排山，位于哪吒山之南，为越城岭山脉最南端名山，GPS实测海拔1910米，距桂林城93公里。石排山南北走向，系全州、资源两县界山。此山为草山，山顶分布着竹林混交灌木林带。

黄皮水

登石排山可以其周边的毛竹庵、金竹坪、新村、黄皮水、古山为徒步起点。本攻略线路设计以资源的黄皮水为徒步起点，登顶后穿越莲花座，由全州新村出。

【行走路线】黄皮水→石排山→莲花座→九江电站→新村。

【线路描述】石排山为越城岭山脉最南端著名高山，顶为竹林混交灌木林，露营风光绮丽的莲花座。

【徒步里程】第1天8公里，第2天16公里。

【风景指数】★★★★

【强度级别】★★★★

【出行方案】

第1天（从桂林乘车至黄皮水，登顶后扎营莲花座）由桂北客运站乘资源班车至花果桥（原水泥厂）下（105公里），转乘包车至黄皮水村（13公里）……上行出村，沿左溪流而上，行1公里过水泥渠，一路顺溪谷山道至坳（此路段2公里）……顺谷左走300米，遇岔路左行下山窝，再遇岔路直行，再遇岔路，至古山路口岔路右走过水流，上行至防火道（此路段1公里）……登至山头，前行平走顺防火道下山，过坳上行对面山头，至顶时顺路左走离开防火道，继续上行遇岔路右入林（不直行向下。关键路口），上行穿过竹林（林中留意辨路），出林后继续上至山梁（此路段3公里）……右走山梁，顺山梁登至竹林间峰顶大石（此路段1公里）……顺路左拐，下顶出竹林至防火道，至山脚右走，遇岔路走右，下至莲花座，安营扎寨（此路段2公里）。

第2天（由莲花座穿越下山，经九江电站出新村，乘车返桂林）穿过莲花座草坪，东南角过水流顺小道上山坡入林，坡顶林中岔路直行出林，前行草山脊，岔路右下过水洞，顺水流方向下坡，过水流下至岔路口，左走一路沿山脊下至九

穿越石排山

石排山之巅

莲花座

江电站（此路段4公里）……顺车道下行至新村（此路段6公里）……乘班车（或包车11公里至山川，乘村间拉客车18公里）至天湖街（29公里），搭乘班车返桂林（116公里）。

【友情赠言】

●在石排山东南不远另有一座石牌山，海拔1682米，高度要低些。户外登山以石排山为目的地。

●登石排山亦可包车由产籽坪至古山村，以古山为徒步起点。

●由九江电站由车道下新村，行弯道右侧小道穿插可近1公里。

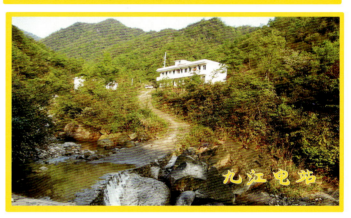

九江电站

石排山
线路图

穿行金紫山

金紫山山脉

　　越城岭山系的金紫山山脉位于资源县境西侧与湖南城步的交界线上，山脉总体走向北东–西南约45度，脊部略呈S型弯曲。山脉形成于加里东期花岗岩体侵入，将既成的老地层拱起再经过长期的风化剥蚀，山体主要是花岗岩。由于金紫山构造上处于白垌向斜的西北翼，故山顶仍保留有小片震旦系砂岩残留顶盖，山脉东南麓顺次有震旦系、寒武系、奥陶系分布。金紫山脉以主峰大宝鼎最高，往北东、南西两个方向延伸，山势渐次降低。

　　金紫山山脉最高峰大宝鼎周边许多彼此高差不大的圆形山包，到处都长满高矮整齐划一的银竹，而在山凹和山谷则到处是古树苍苍、遮天蔽日的原始森林，并发现有铁杉、资源冷杉等稀有珍贵树种，故这一带历来统称银竹老山。银竹老山之绝顶大宝鼎海拔2021米，位于资源县城北西27.2千米处，是桂林第三高峰。大宝鼎以南户外名山主要有十里平坦、金紫山、白石大王、十万古田。十里坪坦、十万古田平坦开阔，一望无际。

　　金紫山山脉东北是著名的丹霞地貌，现已经开发为八角寨景区。

八角寨

GOUDIHUANYOU
BAJIAOZHAI
沟底环游八角寨

中国地貌有"最美七大丹霞"之说，名居第五的桂林八角寨，被誉为"丹霞之魂"。《桂林漓江志》载：八角寨位于资源梅溪乡境内。因山顶形具八角而得名。八角寨海拔818米，东与湖南新宁县接壤。该山及其周围山体由白垩系红层构成一座座石林奇峰，形态各异，直耸云霄，气势磅礴，景色迷人，代表广西典型的丹霞地貌。八角寨山顶有一块南北长220米、宽130米的顺层缓坡地带，东、西、北三面都是绝壁悬崖，沿西南坡地有崎岖山路可登山顶。昔日山顶有一庵，相传建于元朝，"文革"时期被毁。清道光年间农民起义首领雷再浩曾在此屯兵，现寨门及西南面寨墙仍存。寨上有一井，四时不溢不涸。

八角寨距桂林城120公里，分布40余平方公里，主峰相对高度400米。是复杂的地质结构和独特的气候条件成就了这里奇山秀岭、雄峰壁立、碧水丹崖的喀斯特地貌与丹霞地貌相混合的独特景观。现八角寨（湖南称"崀山"）已由相邻两省各开发为景区。山顶有庙宇两座，主打景观有"降龙栈道""群螺观天""鲸鱼闹海""龙头香"等。

【行走路线】油榨冲→座坪→黄沙江→细坝冲→生死谷→降龙栈道→八角寨→牛栏冲→边溪→米贵江。

【线路描述】八角寨为我国最美七大丹霞山之一，山顶形具八角，登山栈道险要，古设寨堡，现有寺庙两座，已开发为景区。

【徒步里程】第1天14公里。第2天8公里。

【风景指数】★★★★☆

【强度级别】★★★☆

【出行方案】

第1天（从桂林乘车出发至油榨冲路口，经座坪村徒步至八角寨顶露营）由桂林桂北客运站乘梅溪或新宁班车至资源县梅溪乡（152公里），包车至油榨冲路口（6公里）……岔路车道左走沿溪上行，行3公里过座坪，岔路右走，过大山里，一路沿流水行至黄沙江（此路段4公里）……

降龙栈道

八角寨之巅

山顶寺庙

龙头香与鲸鱼闹海

八角寨
线路图

过桥右转，沿溪行1公里至细坝冲，顺车道行过石庙，至彭家路口，右行至生死谷口（见田、水流），左入300米至谷底，原路出谷，继续前行至八角寨登山入口（此路段5公里）……由小道上行登山，攀龙脊游道至岔路左走，至泪眼石观景台原路返路口，左下行过降龙栈道、降龙庵，出石门下走50米上见"天人合一"，沿游道过坳至半山亭岔路口，左上行过花香岭亭，至山脊后左走入八角寨古寨门，上行至顶最高处林中安营扎寨（此路段2公里）。

第2天（环游八角寨后，穿越下山经牛栏冲出米贵江）行游道环游"群螺观天""龙头香""鲸鱼闹海"各观景台及庙宇后，出寨门（此路段不足1公里）……岔路左走至凉亭，下走右入缆车售票口，行至观景台后原路返凉亭，穿过凉亭行土路下至坳口，岔路右下古道，过小水库至牛栏冲（此路段2公里）……顺车道行至乌龟塘岔路口，直行过太阳冲至边溪岔路右走，至下边溪岔路右上过坳，顺水流下行出米贵江202省道（此路段5公里）……搭乘新宁过路班车或包车返桂林（公里）。

【友情赠言】
●出行八角寨亦可参考本丛书第1册"览胜八角寨"篇中线路。
●山顶营地水源短缺，需备水上山。
●出米贵江省道右行700米至湾底村有小卖店，再行4公里至梅溪。

观景台

大宝鼎

DENGFENG
DABAODING

登峰大宝鼎

海拔2021米，耸立于北部的金紫山山脉最高峰大宝鼎、银竹老山之绝顶，是排名在华南之巅猫儿山及华南第二高峰真宝顶之后的桂林第三高峰。此山位于桂林城北偏东113公里，资源县城西北27公里处，西与湖南城步县交界。二宝鼎（民族老山）位于大宝鼎之北，与大宝鼎齐肩，两峰相距300米。

大宝鼎顶为石崖草山，下为原始密林，周边山头多裸露沙化地带。

线路设计以香草坪为徒步起点，露营斗蓬岭下横江源，第2天轻装环游大宝鼎。

【行走路线】香草坪→保护站→斗蓬岭营地→大宝鼎→二宝鼎→斗蓬岭坳→香草坪。

【线路描述】大宝鼎为金紫山脉最高峰、银竹老山之绝顶，桂林第三高峰，顶为石崖草山，周边山头多沙化地带，露营后第2天轻装登顶环穿。

【徒步里程】第1天7公里。第2天15公里。

【风景指数】★★★★
【强度级别】★★★★
【出行方案】

第1天（由桂林乘车出发至香草坪，徒步登至横江源营地）由桂林桂北客运站乘资源班车至资源县城（114公里），换乘瓜里班车至瓜里乡（37公里），换乘班车（或包车）至香草坪村（13公里）……右上坡后顺简易车道行于溪谷之右，过熊巴塘至狮羊坪车道尽头林场（此路段3公里）……继续前行，行于溪之右，遇岔路直行大路，不离溪谷之右，行至大石板桥前岔路（此路段3公里）……过桥上行，经沙化路、碎石沟至斗蓬岭坳，岔路左走至山窝草坪，安营扎寨（前行数十米见水源。此路段1公里）。

第2天（轻装登顶大宝鼎，原路返营地，返香草坪，乘车返桂林）由营地轻装出发前行登山，至山脊右行，遇岔路行大路（望见前方大宝

穿越原始林

大宝鼎之巅

大宝鼎
线路图

鼎），下山脊遇岔路左走，下至山沟沼泽地，过两处沼泽后登山（此路段2公里）……穿过密林、原始林带，过竹林冲顶大宝鼎，穿越山顶顺路左下行过沟，上至二宝鼎（民族老山。此路段2公里）……返大宝鼎，原路下山返营地，原路返保护站，返香草坪村委（此路段11公里）……乘班车（或包车）返瓜里，乘班车返资源、返桂林。

【友情赠言】

●至斗蓬岭坳后，亦可右下至横江源溪桥安营扎寨，那里水源更为丰盛。

●瓜里乡至香草坪林业保护站一路水泥车道，包车或自驾出行更为便利。

●由横江源北行，至横江保护站行车道，经黄腊水可穿越出茶坪。

●出行此线路宜请向导。雨雾天方向不明，万不可登山。

走下斗蓬岭

二宝鼎

斗蓬岭营地

十里坪坦

YOUZOU
SHILIPINGTAN

游走十里坪坦

金紫山山脉上著名的十里坪坦，居山脉中段，位于桂林城北资源县瓜里、车田两乡与湖南城步的交界线上，距桂林城103公里，海拔高度1787.2米。在这一带另有两座高山，其西南海拔1884米的黄山和其东南海拔1859米的詹天塘。

《桂林漓江志》载：十里坪坦，其西南侧最高。这里四面环山，唯独西北角有一小溪出口，中间有一块约4平方公里的开阔地，平均海拔约1700米。除有些圆形高丘外，大部分是杂草没人的荒原和沼泽地，在地貌发展史上为一保存较好的典型的老夷平面。

位于十里坪坦中心的开阔地带，是四周馒馒草山包围定的小盆地，其中央为难以踏足的大片沼泽。由吃水境行过张家冲，可至上坪坦、中坪坦、下坪坦。

十里坪坦是桂林10大高山草场之一，是鲜花国度，风车世界，山花与风车织就了十里坪坦童话般的浪漫风情。山上水源丰盛，营地处处，是春季赏花、露营避暑的胜地。

【行走路线】林场工区→张家冲→黄山→风电场场部→詹天塘。

【线路描述】十里坪坦居金紫山山脉中段，其周边有黄山与詹天塘，这里是鲜花国度、风车世界、赏花避暑胜地。

【徒步里程】第1天3公里。第2天8公里。

【风景指数】★★★★☆

【强度级别】★★★

【出行方案】

第1天（从桂林乘车登詹天塘，至吃水境林场工区露营，逛张家冲上坪坦）由桂林桂北客运站乘资源班车至资源县城（114公里），转乘瓜里班车至瓜里乡（38公里），包小面包车经水头村至詹天塘登山路口（风电场场部前500米最高点。29公里）下……沿路左水池边小道上山坡，遇岔路上行大路，至车道右上走，风车前沿小道登右

詹天塘

林场工区

十里坪坦
线路图

山包至詹天顶，原路下山返车边（此路段1公里）……继续乘车至林场工区安营（4公里）……顺屋前车道下行逛坪坦，原路返营地（此路段2公里）。

第2天（徒步登黄山，乘车下山返桂林）车道口右上走，遇岔路行大路（见线路图），登至黄山顶，原路返营地（此路段8公里）……乘车下山原路返瓜里，转乘班车返资源、返桂林。

【友情赠言】
●逛风景切记路口，以免迷途。
●营地亦可选择在张家冲或黄山。

●此线路自驾出行更为便利。
●出行此线路可参考本丛书之3 "十里坪坦赏格桑花" 篇。

十里坪坦的高山杜鹃

上坪坦张家冲

黄山顶眺望金紫山

金紫山

DENGDING JINZISHAN

登顶金紫山

　　金紫山山脉主峰金紫山海拔1883.1米，位于桂林城北98公里，地处资源县车田乡脚古冲村，是广西与湖南的界山。

　　金紫山上有古寺庙两座，一名玉皇宫，一名拨云庵(显灵殿)。碑记：金紫山为湖广灵山圣地，自汉明帝（公元28年）夜梦金人南翔，入楚而立庵建院，历代香火盛行，因而其名冠三湘，威及五岭，峰入云天，紫气常绕，侧峦依依似九星拱月、圣坐莲花，又为五龙拱顶，三龙播脉，左三十六湾，湾湾翡翠，右九十七包，包包有情，春山花漫烂，秋玉雾茫茫，登其高，一览众山小。

　　此山顶为石峰，顶下为草山，立于顶可极目远眺湖广两省风光。顶下坳口有国务院1996年立省界碑，可一脚踏两省。

　　因车道修通，线路设计以罗卜坪为徒步起点，全程行走5公里，最快90分钟登顶。

　　【行走路线】罗卜坪→拨云庵→玉皇宫→金紫山顶→省界碑→罗卜坪。

　　【线路描述】金紫山为金紫山脉主峰，顶为石峰，顶下有古寺庙两座，山坳有省界碑，可远眺湖广两省风光。

　　【徒步里程】第1天5公里。第2天6公里。

　　【风景指数】★★★☆

　　【强度级别】★★★

　　【出行方案】

　　第1天（从桂林乘车至罗卜坪，徒步登顶扎营玉皇宫）　由桂林桂北客运站乘资源班车至资源县城（114公里），转乘脚古冲班车至脚古冲村（48公里），包乘微旅车至罗卜坪（车道尽头。8公里）……左方村屋屋背上行小道，凡遇岔路右上行大路，至坳（此路段1公里）……顺路右平走，穿过松林，下走山窝，杉树林中过小木桥，过多道水流（此路段2公里）……上行山坡至草山，行山包左侧路至坳石门（此路段1公里）……坳口岔路左上行，行数百米至拨云庵显灵殿，继续前行，遇岔路左上行，再遇岔路左平走，至地母庙，入庙上至玉皇宫（此路段1公里）……安营

罗卜坪登山起点

金紫山下石门坳

省界碑 ★

坳口 ●

500m

1km

3km

坳口 ●

★ 拨云庵

★ 金紫山
1883

50m

1km

营地 ▲

玉皇宫 ★ ★

罗卜坪 ●

金紫山
线路图

★ 景名　〜〜 车道　〜 徒步线路
● 地名　〜〜 小道　6 徒步里程
▲ 营地　〜⌒ 铁道　9 车道里程
■ 桥墩　〜〜 水域　↩ 车道去向

扎寨。

第2天（登顶后下坳至省界碑，返玉皇宫原路下山返罗卜坪，乘车返桂林）轻装出地母庙，来时路返数十米，右见登顶小路，沿小路右上登至金紫山顶（此路段100米）……原路下顶，右平走至拐弯处，岔路左下行200米，至省界碑，原路返玉皇宫（此路段1公里）……背上重装包原路下山返罗卜坪，乘包车返脚古冲，乘班车返资源、返桂林。

【友情赠言】

●脚古冲至资源班车时刻：上午7点从脚古冲开出，下午1点由资源返回。

●由罗卜坪登金紫山近年已修有车道，遇车道行车道，方向西，望山而行。

●自驾出行微旅车可直达罗卜坪。

●出行此线路另可参考本丛书《徒步桂林10大经典特色线路》之"金紫山"篇。

拨云庵显灵殿

省界碑

湖南

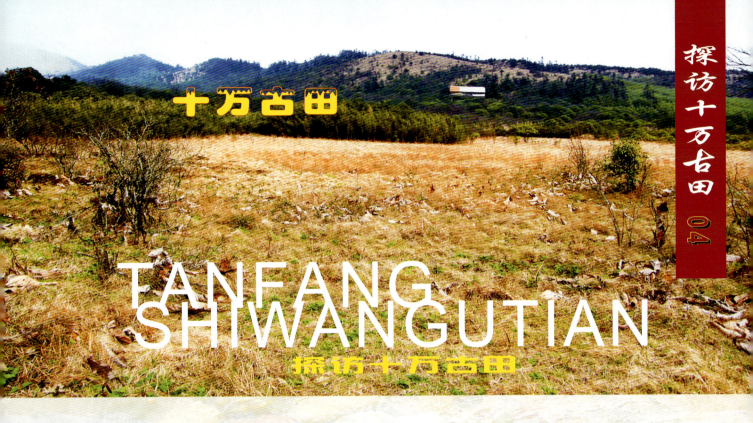

十万古田

TANFANG SHIWANGUTIAN

探访十万古田

十万古田（或称古田），位于桂林城北88公里处，因地势平坦开阔，自古时有开垦而得名。

《桂林漓江志》称：古田位于资源县城西北28公里处，车田乡所辖。地处与湖南省城步县接壤的边界上，是块椭圆形的高山开阔盆地，面积约2.5平方公里。盆地周围环绕着许多大大小小的山丘，东侧的笃箕坨最高，海拔1787.2米。盆地中央是莽莽荒原和水草丛生的沼泽地。平均海拔约1700米，地貌是残存的老夷平面。清光绪年间曾有村民到此居住，垦荒种植玉米。民国三十六年（1947年），广西省政府拨款开发，试种稻谷，因地处高寒，气候变化无常，稻谷颗粒无收而失败。1958年大跃进时，又对此地进行开发，试种药材、玉米、瓜菜等获得成功。1959年，车田和两水乡曾组织数百人进山开荒种杉树1000余亩。

十万古田分上古田、中古田、下古田，低洼湿地分布藓类、草本和灌丛3种类型沼泽，周边环绕着的无数馒馒草山，被称为三十六包。十万古田居湖南籍农家一户，现为开发区管理员。

【行走路线】陡岭→十万古田→三十六包→陡岭。

【线路描述】广西与湖南的界山，海拔1700米上的开阔盆地，自古开垦试验种植，驴友经常光顾的户外目的地。

【徒步里程】第1天8公里。第2天9公里。

【风景指数】★★★☆

【强度级别】★★★

【出行方案】

第1天（从桂林乘车至陡岭，徒步至十万古田）在桂林桂北客运站乘资源班车至资源县城（114公里），转乘河口班车至河口乡（55公里），转乘高山班车至田坳（24公里）……北上行车道1公里至下陡岭，行小道继续上走至车道，右行遇岔路左走，过流水后左出现上山小道，行此道上山（此路段2公里）……遇岔路均走左，平行过松林后岔路右上，至宽阔大路顺路右

爱山路口

行进谷地

十万古田
线路图

过溪流

管理区

营地

上行，过溪水直行草坪小路（此路段2公里）……至山脊一路顺山脊路行，穿过草坪至流水遇岔路，左拐顺路绕过数个山包，来至谷地前（此路段2公里）……下走山谷，过溪上行，过墓地、穿竹林，至十万古田车道，右行车道过桥至管理区，屋前林中安营（此路段2公里）。

第2天（游十万古田后返陡岭，乘车返桂林）顺车道、游道漫游十万古田，行走三十六包高山草场，逛大盆地（切勿下山，以免迷路），返营地（此路段3公里）……原路下山返陡岭，乘包车返河口，乘班车返资源、返桂林。

【友情赠言】
● 返程把握好时间，如班车不合时，可包车。
● 雨雾天气不宜出行此线路，以免迷途。

南山顶俯瞰

大南山山脉

　　越城岭山系素有"南方呼伦贝尔"之誉的高山牧场八十里大南山山脉，位于桂林西北，龙胜县平等、伟江乡与湖南城步交界处。此山脉源于湖南城步之牛头坡，长达70余公里，境内40余公里之山，属其南西分叉延伸部分。此山脉在1600米以上山梁形成宽阔的平台状古夷平面，四周山坡呈不规则的阶梯状下降，梯级表面坡度较缓，梯级间坡角达35度以上。1600米以下的山峰山脊，或山峰沿山脊呈串珠状分布，或作互不相连的山体各自屹立，千姿百态，景致万千。

　　大南山山脉有无数小山丘，山丘之间为小平地及环丘而流的清澈小溪，有"三十六坪、四十八溪"之称。从山顶俯瞰，坪坪溪溪恰似银绸飘舞，十分美妙。低处山洼及半山地带分布小片原始森林和稀奇植物群，山丘、平地遍生蕨类、牧草。

　　大南山山脉现已开发为牧场及景区，周边为风电基地。

南山顶

HUANCHUAN
NANSHANDING

环穿南山顶

大南山山脉最高峰南山顶，位于桂林北偏西方向，距桂林城103公里，海拔1940米。顶下芙蓉界公路南侧为伟江所辖。

此山气候独特，常有山下云雾弥漫或倾盆大雨而山上却白云浮蓝天、艳阳描青山的景象。南山顶盛夏气候凉爽，绿草如茵，山花遍野，冬日白雪皑皑，满树银花，呈现一派北国风光。

南山顶为草山，水源充沛，处处营地。登顶俯瞰，八十里大南山万千峰峦尽收眼底。

大南山景区主要景点有紫阳峰和高山哨所遗址。返程时途经的平等侗乡是鼓楼与风雨桥的故乡。

线路设计以胡家坪为登山起点，登顶后露营山梁，第2天穿越至芙蓉界，过界沿车道行至平等小江村返桂林。

【行走路线】胡家坪→南山顶→芙蓉界→镇龙冲→小江村。

【线路描述】南山顶为大南山山脉最高峰，草山顶，多水源营地，途经南山景区及平等鼓楼群，露营环穿2天线路。

【徒步里程】第1天2公里，第2天19公里。

【风景指数】★★★★

【强度级别】★★★☆

南山顶之巅

【出行方案】

第1天（从桂林乘车至胡家坪，徒步登南山顶后山梁露营） 由桂林琴潭汽车站乘龙胜班车至龙胜县城（89公里），转乘南山班车至南山镇（76公里），转乘长安营班车至胡家坪上方登山路口（5公里）……离公路沿右侧小道上行登山，登顶后顺山梁南行至水源边扎营（此路段2公里）。

第2天（过芙蓉界至镇龙冲，下至小江村） 拔营后继续顺山梁路下行，至芙蓉界（此路段1公里）……过界，行柏油路至镇龙冲路口（此

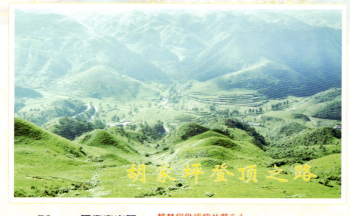

胡家坪登顶之路

路段8公里）……岔路左走过村，沿路下行，经
段尾、桂平至小江村（此路段10公里）……乘
班车（或包车）返龙胜（86公里），转乘班车
返桂林。

　【友情赠言】

　●龙胜开南山班车09：30、13：40，南山开
长安营班车14：00，小江开龙胜每日5班，末班
15：50。

　●由芙蓉界走小江另有多条山间小径。

　●此线路可反走，亦可自驾游。

芙蓉界

山梁一处营地

牧场景观

强盗坪-黄沙江

穿越强盗坪

CHUANYUE
QIANGDAOPING

强盗坪海拔1548米，位于龙胜县平等乡与湖南交界处，距离桂林105公里。《龙胜县志》载："北部的强盗坪名虽不雅，但山顶开阔，一马平川，面积达三万余亩，土壤肥沃，水草丰美，西侧又南延部分山坡，坡度较缓，水系发育。"

强盗坪山顶馒馒草山一望无际，最高处现立有测风塔，站在峰顶可观南山、天云山，览湖南通道县城风光。

顶下海拔1500米处有一片开阔的平地，景象奇瑞，风光绝妙，是历代强盗的风水宝地。海拔1260米处静静地流淌一条清流，这就是著名的黄沙江。江畔是一条1公里长的冲积平地，大毒枭刘昭华曾在这里大量种植罂粟，虽现已清理开成为茶园，山包上仍留下道道沟垄。

【行走路线】小洞→黄沙江→强盗坪→固洞。

【线路描述】强盗坪是大南山著名高峰，由无数馒馒草山组成，顶下大坪曾是强盗们的风水宝地，黄沙江曾是大毒枭刘昭华的基地。

【徒步里程】第1天7公里，第2天9公里。

【风景指数】★★★★
【强度级别】★★★★
【出行方案】
第1天（由桂林乘车至小洞，徒步登山到达黄沙江营地）由桂林琴潭汽车站乘龙胜班车至龙胜（89公里），转乘蒙洞班车至小洞（71公

小洞

里）……过桥左行数米，屋侧小道登山，顺电杆方向上行山脊，至坳口车道（此路段2公里）……在上行百米至车道右转时，顺电杆旁小道直行，至电站前渠（此路段600米里）……继续小道、车道穿插而上，左为山腰右为山谷时告别车道行小道（此路段1公里）……遇岔路行主路，走上不走下，至溪流（此路段2公里）……顺溪而上，沿石路过溪，岔路左上，至黄沙江茶园，工棚处安营扎寨（此路段1公里）。

第2天（由黄沙江登顶强盗坪，穿越下山至固洞，乘车返桂林）由营地背后小道上行，顺路左转至茶园车道，前行车道右绕过小坳至另一片茶园（水库尾），过工棚顺路而上至草山梁石垒墙

黄沙江

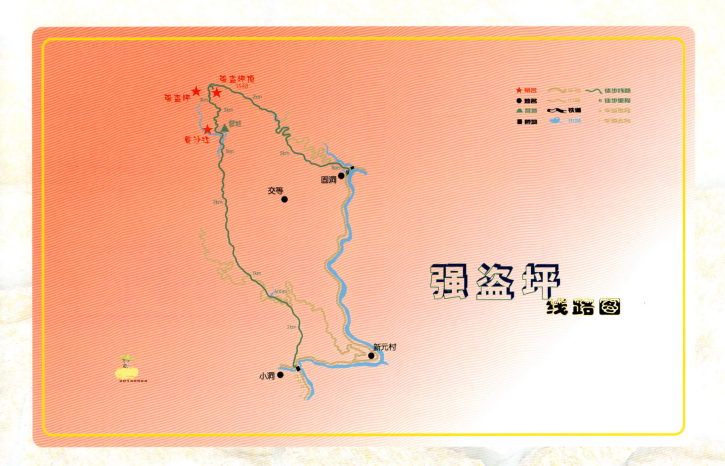

（此路段3公里）⋯⋯顺路穿行于山包间，至强盗坪（宽阔的大草坪），前穿草坪，顺路右行至小坳口竖石阵，右上山包，右登至测风塔（强盗坪顶。此路段1公里）⋯⋯返竖石阵岔路口，右走过坳，岔路左下，顺山脊过粽叶林，顺山脊左侧直下（草茂别丢了路），入杉林（此路段1公里）⋯⋯林中一路下行，至渠，顺渠行百米，下见车道，下至车道（此路段1公里）⋯⋯顺车道右走。转过几个弯道，车道右下有小道过右侧山脊（留心此岔路），穿插返车道（此路段2公里）⋯⋯顺车道下行至固洞小卖部（此路段1公里）⋯⋯搭乘蒙洞过路班车往龙胜（77公里）、转乘班车返桂林。

【友情赠言】

●出行此线路以深秋、初春为宜，盛夏草高没路穿越难度增加。

●自驾车可经交等直达黄沙江茶园。

●返程蒙洞至龙胜末班车15：00，龙胜至桂林末班普通车18：20、直达快班19：00。

强盗坪

强盗坪之巅

固洞村

天云山

TIANYUNSHAN
CHUANYUE

天云山穿越

位于龙胜各族自治县平等乡东4公里处的天云山，距离桂林91公里，海拔高度1604米，顶为石崖，山因高耸常年云雾缭绕而得名。

天云山是桂林户外"四大云山"（大云山、天云山、戴云山、登云山）之一，亦是龙胜县的自然资源和风景保护管理区两山之一。

晴日立于天云山顶，可俯瞰9条溪谷由近而远，向八方舒展。雾时在天云山顶发呆，可坐看顶峰80米巨石长蛇阵，于白霭中翻飞浮游，雾聚雾散，云涌云飞。

从山下四周村寨均可登山，登顶线路南以大毛坪、北以大包最为便捷。出行登此山，一路将偶遇大量侗家古楼、风雨桥、风雨亭。

【行走路线】太平→大包→天云山→大毛坪→广南。

【线路描述】此山为桂林户外四大云山之一，下为丛林，上为草山，顶为石崖；常年云雾缭绕，四周村寨均有登顶之径。

【徒步里程】第1天5公里，第2天16公里。

【风景指数】★★★★

天云山之巅

【强度级别】★★★★
【出行方案】

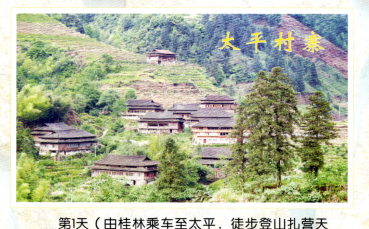

太平村寨

第1天（由桂林乘车至太平，徒步登山扎营天云山）由桂林琴潭汽车站乘龙胜班车至龙胜县城（89公里），转乘太平班车至太平村（82公里）……过桥顺水上行60米再遇桥，桥前右走顺岔溪而上，上至最后屋渠旁岔路右上，半山遇岔路左走（一路右为山左为谷），上至坳口（此路段2公里）……过坳左上（或过坳前行，平过田地顺路下至岔路，左上。右下是大包村），至车道右行，行车道200米至弯道三角平地，左小道上山脊，遇岔路直行正道，不离山脊，一路顺高压线方向上行，过炭窑，至高压铁塔（此路段2公里）……继续上行至山梁，岔路右上，行百米至坳，右上山坡（前方见天云山顶），安营扎寨（水源在前方坳口右侧峡谷。此路段1公里）。

天云山
线路图

第2天（由营地登顶，穿越下山至大毛坪，行出至广南，乘车返桂林）由营地前行过坳，由山头左侧登至石顶（此路段300米）……原路下顶返营地，返山梁岔路口行右，过高压铁塔，下至坳口（此路段1公里）……岔路右下（可见大毛坪村），至大毛坪村（此路段2公里）……顺车道行，行500米路右出现小道，行小道穿插直达琉璃村（此路段1公里）……行车道过琉璃村，遇岔路走正道，行过牛坡岭风雨亭（此路段5公里）……继续前行1公里至蚂蟥，农家店侧行小道下甲河村（此路段1公里）……接行车道，至广南村（此路段4公里）……搭乘过路班车返龙胜（59公里），转车返桂林。

【友情赠言】

●自驾车可直达大毛坪或大包，登顶后原路返回。

●营地亦可选择在顶左侧山窝地。

天云山看云海

平等孟滩风雨桥

广南鼓楼

花界山

穿行花界山

CHUANXING HUAJIESHAN

大南山山脉之花界山地属龙胜各族自治县，为伟江、马堤两乡界山，位于桂林北部，距桂林城81公里。

花界山GPS实测海拔1585米。在长2.5公里、宽600米的山梁上，馍馍草山平缓、辽阔，四季开放艳丽的山花，花间奇石遍布、横卧竖立、倒插平铺，如天外飞来，似神仙布阵，真真是奇哉妙哉！

立于山顶，东可眺彭祖坪大白山，南可望龙胜最高峰福坪包，西可瞰伟江田舍，它的东南侧山腰，便是著名的"桂林户外10大梯田"之牛头寨梯田。

线路设计由南向北登山，由马堤牛头村行石阶古官道登顶花界山，至山梁过顶后，穿越下伟江花界村。

【行走路线】马堤→牛头寨→花界山→花界村。

【线路描述】花界山是伟江、马堤两乡的界山，辽阔馍馍草山四季开放艳丽的山花，花间奇石遍布，当天往返线路。

【徒步里程】11公里。
【风景指数】★★★★
【强度级别】★★★☆

古道风雨亭

【出行方案】

由桂林琴潭汽车站乘龙胜班车至龙胜县城（89公里），换乘马堤方向班车至牛头村小道口（出马堤乡街道500米。26公里）……左下车道过桥，沿溪行再过桥后登山，过凉亭返车道左上行至牛头村（此路段2公里）……村委楼侧直上石阶，遇岔路行阶直上，穿过车道继续上行石阶，再穿车道，再上行石阶，顺此古道一路登山，遇岔路直上行，至风雨亭（此路段1公里）……过亭继续沿石道上行，遇岔路不离古石道，过3道水流瀑布，上坳口至草山梁（此路段3公里）……向北行山梁，遇岔路行大路，过庄溪塘至顶（此路段2公里）……向右（东）侧下顶至大沟，左（北）走一路顺大沟行，走过水源，至山窝草坪岔路口（此路段1公里）……左

牛头村

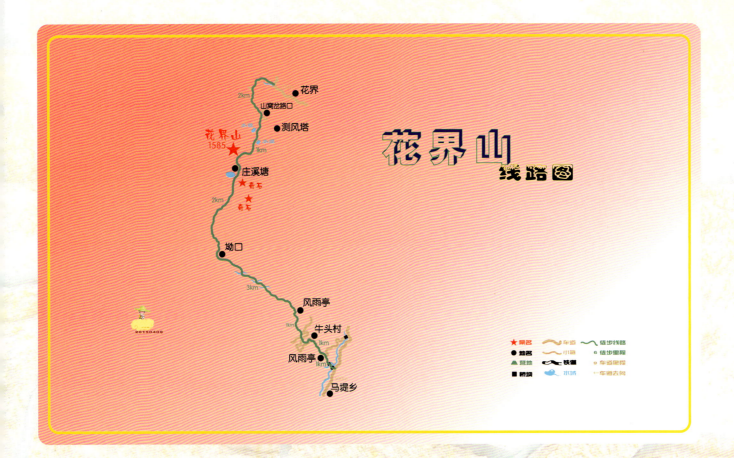

行（巨石方向），穿过杂树丛遇岔路行右路，下山坡过水流至车道（此路段2公里）······搭乘伟江班车返龙胜（38公里），换乘桂林班车返桂林。

【友情赠言】

●此山梁平坦开阔，绿草如茵，奇石甚多，拍照掌握时间，以免错过返程班车。

●自驾车可直达牛头寨登山路口。

●出行此线路可重装露营，分两天完成。

顺大沟下山

花界山奇石

花界村

猫儿山山脉

猫儿山山脉

　　越城岭山系的猫儿山山脉位于兴安、资源、龙胜三县交界处，呈北东-西南30度方向延伸，全长约55公里。该山脉构造上处于猫儿山隆起的轴部，西北坡属白峒向斜的东翼，山体以花岗岩为主，并有部分震旦系板溪群的变质岩。以主峰猫儿山为起点连绵延伸，形成三支山脉。

　　猫儿山山脉主峰猫儿山海拔2141.5米，为华南之巅，是漓江、资江、浔江之发源地。猫儿山顶为石峰，属猫儿山国家自然保护区管辖，现已开发为旅游景区。猫儿山山脉有2000米以上高山10座，户外著名山峰有猫儿山、老山界、戴云山、三十六包等。

猫儿山仙愁崖

TANFEIHUDUI
FEIJISHISHIDI

探飞虎队飞机失事地

多年来，猫儿山南麓塘坊边、高寨一带的村民，在阳光明艳的日子，立于某个位置角度时，总能看到耀眼的光亮。对于这一现象，村民们并未过多在意。在一个偶然的机会，山民终于发现了那节断在山野的飞机翼翅及四处散布的机件。据称在此山谷下游的山洞中，人们还曾发现一具身着军人服装的尸骨。

1996年11月24日，国家领导人在同美国总统克林顿举行的会晤中，向克林顿通报了猫儿山发现二战期间美军飞机残骸及美国飞行员遗骨的信息。1997年10月16日，由美国夏威夷中央鉴定实验室的专家组成的美军专家组先遣队一行7人抵达桂林，赴猫儿山勘察1944年8月31日二战期间美空军14航空队375轰炸中队，执行轰炸位于台湾的日本军港返回途中在海拔1828米黑冲峰东南方向的仙愁崖撞崖坠毁的B-24轰炸机，及遇难的10名机组人员。现猫儿山景区已为援华殉难美军飞虎队人员立碑塑像，建飞虎队战机残骸展览馆，临桂飞虎队原机场旧址建纪念公园。

本篇线路设计：以高寨塘坊边为徒步起点，第1天宿营十里大峡谷双岔河，第2天轻装攀登，到达失事现场后返营地，第3天返桂林。该线路从密林溪谷中无路攀登，难度、强度较大，有相当的危险性。

【路线设计】塘坊边→杉木江→双岔河（营地）→扭死冲→仙愁崖→扭死冲→营地（原路

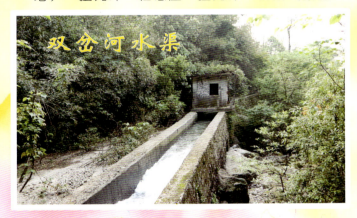

双岔河水渠

返）→塘坊边。

【线路描述】此线路为纪念缅怀二战飞虎队特设，目的地为飞机失事地，营地前段沿杉木江而上，后段轻装攀爬溪谷。

【徒步里程】第1天4公里，第2天10公里，第3天4公里。

【风景指数】★★★☆

【强度级别】★★★★★

【出行方案】

第1天（由桂林乘车至高寨，徒步至双岔河营地）由桂北客运站乘猫儿山班车至塘坊边下（81公里）……山水人家客栈前左路上行，行150米左上行石道穿插至李家田，穿村而过右行小道穿插至机耕道，右走穿竹林，沿杉木江左一路行去，行4公里遇岔路右走至双岔河口，水

扭死冲

攀登岩壁

●因无路，出行此线路自我探线成功率为零，且十分危险，务必请向导。塘坊边向导联系电话：山水人家13481301761。

散落的飞机遗骸

渠旁露营（此路段4公里）。

第2天（轻装沿扭死冲登仙愁崖）看水房背上走，一路沿溪而上，左过溪，再左过溪流，来至溪下石壁前，右下溪过石壁后左上山坡，至扭死冲口（此路段3公里）……左走扭死冲，登石崖、过石窟、穿密林、攀陡壁，至仙愁崖下坠机残骸区域（此路段2公里）……原路下谷，返营地（此路段5公里）。

第3天（原路返塘坊边，返桂林）从营地出发，原路下山返塘坊边（此路段4公里）……乘班车返桂林。

【友情赠言】
●出行事先与保护区及景区联系。
●带好攀登绳索，做好安全防护。

机组人员雕像

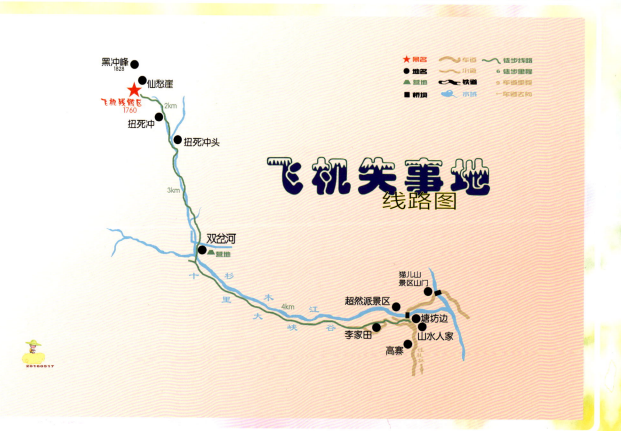
飞机失事地
线路图

猫儿山之巅

HENGCHUAN
MAOERSHAN

横穿猫儿山

江南五岭之首越城岭山系主峰猫儿山，南距桂林66公里，海拔2141.5米。

《桂林漓江志》载：猫儿山是广西也是华南的第一高峰，为资源、兴安两县之界山，由于山顶有球状风化花岗岩巨石，酷似猫头而得名。极顶有三仙石，可观日出没。北坡距极顶80米处，旧时建有灵峰寺，今已毁。1977年在寺院遗址上修建了电视转播台。山上气候瞬息万变，翻云覆雨只在顷刻之间，有时山下大雨滂沱，山顶却艳阳高照。进入森林只见古木参天，藤蔓缠绕。山中植物资源十分丰富，有铁杉、冷杉等珍贵树种，仅杜鹃科植物就有20余种。山中珍稀动物品种繁多。该山已列为国家自然保护区。

登顶猫儿山有多种走法，这里介绍的是最经典，但强度较大的线路。以猫儿山后山资源县的李垌村为起点，经雷公田寺院，由反嚼坪过溪，行古道登顶猫儿山后扎营山顶，第二天顺十里大峡谷而下，虽一路山陡、坡滑、林深、路长，强度难度都大，但却是驴友十分向往的徒步线路。

【路线设计】李垌→雷公田→反嚼坪→猫儿山→十里大峡谷→塘坊边。

【线路描述】猫儿山为江南五岭之首越城岭山脉主峰、华南之巅，此线路为穿越猫儿山的强线路。

【徒步里程】第1天10公里，第2天17公里。

登山行古道

【风景指数】★★★★
【强度级别】★★★★☆
【出行方案】
第1天（由桂林乘车至李垌，徒步过雷公田登顶猫儿山扎营）由桂北客运站乘资源班车至资源县城（114公里），转乘塘洞班车至李垌路口下（55公里）……桥前车道左行，遇岔路左走，过李垌至弯里，遇岔路直行至小桥前岔路（此路段1公里）……左走顺车道行（或行溪左小道，上穿竹林返车道），上坡右拐，至雷公田寺院山门前停车场（此路段3公里）……过桥入山门右平走400米至雷公田寺院，入庙门右行，过庙顺路右上，凡遇岔路左走，过石拱门、木桥、水泥桥，一路上行至反嚼坪，右走踏石过溪（此路段2公里）……行林间古石阶而上，行1公里见差转台第1个水泥板电缆池，继

华南之巅

十里大峡谷路口

续上行1公里见第2个电缆池，出林行山脊（右侧上方已可见山顶），入竹丛平走1公里出小道上车道（此路段4公里）……出车道右上行（左下为停车场），行50米路左见游览小道，顺游道穿插出车道，接行路对面游道登石峰，穿出石洞至"华南之巅"（此路段450米）……前行下至发射铁塔下，左下至差转台室内大厅扎营（或返停车场、宾馆扎营）。

第2天（由山顶穿越十里大峡谷，下至塘坊边村路口）顺水泥车道下行出239电视台大门，顺路下行过停车场、过宾馆，过储水池（路左），再行约200米至十里大峡谷路口（路口特征：左侧山体泥石䃽露，上有几块巨石，右侧路口摆放大石头两块。此路段2公里）……由此下路，行不足1公里右见溪水小瀑布，一路下

行无岔路（行于峡谷右侧，经许多水流，路不明显、穿竹林时仔细辨路），出保护区缓冲区再行1公里路与溪平，过溪行溪左至"超然派"景区岔路口（此路段12公里）……右过溪行大路，行2公里竹林间岔路左走小道，至李家田村，穿村而过上水泥车道，穿过车道左行田间小路，至塘坊边村路口左行过桥（此路段3公里）……乘班车返桂林（81公里。或乘班车至白竹铺38公里，搭乘过路班车返桂林43公里）。

【友情赠言】

●时间合适，亦可乘桂北客运站资源车田（金石线）下午2：00开班车至李峒路口下。

●出行此线路另可参阅本丛书之1"登临猫儿山"、本丛书之2"猫儿山"及本丛书之3"登猫儿山赏高山杜鹃"篇。

行走十里大峡谷

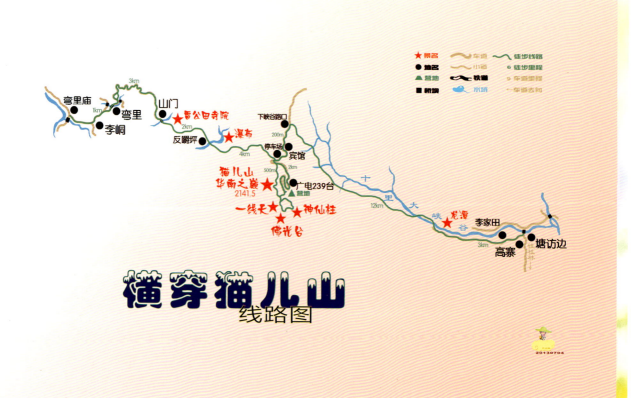

横穿猫儿山
线路图

三十六包与戴云山

HUANYOU
SANSHILIUBAO

环游三十六包

桂林山民常把高山顶连片的草山包取名三十六包。猫儿山山脉的三十六包地属猫儿山自然保护区，据猫儿山主峰西偏南7公里，戴云山北偏西2公里处，GPS实测海拔高度1458米。三十六包距桂林城65公里，为资源与龙胜两县之界山，此山顶四周为高山草场，山包多裸露风化砂及巨石。山半腰杜鹃与竹林遍布，构成花的世界、竹的海洋。这里芳草青青，逢沟谷必有水源，曾放牧着成群的牛羊。

登三十六包四周均有路，本攻略选择的由西寨经荒田、新路界、大湾洞登三十六包，是其中最清晰好走的路。此线路全程攀升垂直高度650米，强度不大。

登三十六包，可眺望与其一沟之隔的猫儿山主峰，可仰视近在咫尺的资源、龙胜、兴安三县界戴云山风光。

【路线设计】塘垌→西寨→荒田→新路界→大湾洞→三十六包仙人顶→仙人石→新路界→（原路返）塘垌。

【线路描述】三十六包地属猫儿山自然保护区，为高山草场，山头裸露风化砂及巨石，

塘垌登山之路

可眺望猫儿山、仰视戴云山。

【徒步里程】第1天6公里，第2天6公里。

【风景指数】★★★☆

【强度级别】★★★☆

进入保护区界

【出行方案】

第1天（由桂林乘车至塘垌，徒步登山至三十六包扎营）由桂北客运站乘资源班车至资源县城（114公里），转乘塘垌班车至塘垌村委下（56公里）……岔道右行百米过桥至西寨，顺路左转再过桥，沿路上坡过梯田行石阶，遇岔路前行大路，平走至荒田右过桥（或踏石过溪。此路段2.5公里）……岔路左走（右走土坪界，见指路碑），入竹林岔路走左（右为古道，雨季过溪不便），过溪流，岔路走右，上行返石阶路，一路行至猫儿山保护区界牌，过新路界平走林区巡山道，行500米至大湾洞三十六包岔路口（此路段1.5公里）……岔路左上行，出林左上行山脊，一路向南穿越小山包至三十六包最高点下，择地扎营（此路段2公里）。

三十六包岔路口

三十六包之巅

第2日轻装登三十六包。
● 掌握班车往返时刻，合理安排行程。
● 出行此线路若自驾将更为便利。

　　第2天（环游三十六包下山，返塘峒、返桂林）登三十六包最高点仙人顶后，向北经仙人石（山顶巨石）下山一路北行山脊，下沟过水流，前行向北过小坳，一路顺流下行，穿竹林、杉林返至林区巡山道（右行30米见界牌。此路段2公里）……右下行石阶路，出猫儿山界牌，按昨日登山原路返荒田、返塘峒，乘班车返桂林。

　　【友情赠言】
　　● 由大湾洞三十六包岔路登山路较朦，无路时一定记住方向：登山向南上行，返回向北下走。由三十六包向北方向的每条溪流均过林区山腰巡山道。
　　● 桂北客运站有经塘峒开车田（金石线）班车，下午2点发车。乘此班车可当日住西寨，

眺望猫儿山

三十六包 线路图

老山界远眺

FANYUE
LAOSHANJIE

翻越老山界

乘车游览猫儿山景区，途经老山界之碑亭，此老山界非驴友要翻越的老山界。夏季耍水雷公岩车至肖家龙塘江路口，路左立碑："右走杨雀高寨猫儿山，左走龙塘江直到塘

瑶王地营地

洞"。这个"左走龙塘江直到塘洞"就是1934年陆定一所在的中国工农红军一方面军翻越老山界的线路，亦是此篇要介绍的登山穿越线路。陆定一著名文章《老山界》，被收入初中语文教科书。

江南五岭之首越城岭山系之猫儿山山脉统称老山界，其主峰猫儿山海拔2141.5米。当年红军曾经从猫儿山主峰的东西两侧翻越老山界，陆定一所在部队走的是西侧。此山海拔高度1860米，界口GPS实测海拔1732米。

当年由东南的兴安向西北方向的资源翻越，沿龙塘江经雷公岩、神仙桥、百步陡、杀牛岭、老山界、清水江出塘峒，一路古道石阶以条石铺就，唯有两处难行，一处是雷公岩，一处是百步陡。百步陡直上直下如步天梯，为登老山界最陡处。此一路峭壁悬崖，需拐过上百个"之"字形路，十分惊险。

神仙桥为约2尺宽、4尺长的石板，位于百步陡段中平坦地，分上下两处，相传天然生成。

【路线设计】清水湾→瑶王地→老山界→杀牛岭→百步陡→神仙桥→掉头河→雷公岩→龙塘江→肖家。

【线路描述】2天重装线。老山界界口为小草坪，两侧竹丛。清水湾登老山界只上不下，一路行石阶，过十几道水。老山界下掉头河一路行山脊，只下不上，过河至雷公岩。

【徒步里程】第1天4公里，第2天18公里。

【风景指数】★★★★

【强度级别】★★★★

【出行方案】

第1天（桂林乘车至清水湾，徒步至瑶王地露营）下午2点由桂北客运站乘车田（金石线）班车至清水湾下（106公里）……右穿竹林踏石过溪石阶上行，遇岔路右走过第2道溪，左走登山过第5水道至电站前渠，过渠右上行，遇岔路行大路，过第8道水至瑶王地营地（此路段4公里）。

第2天（由瑶王地徒步至老山界，下界过掉头河经雷公岩出肖家路口）顺路继续上行，过3道

老山界界口

百步陡

涉过掉头河

（此路段4公里）……继续下山，行过下神仙桥，下百步陡，望见右侧溪流，至掉头河（此路段4公里）……踏石过河，行对面路穿竹林左走，一路不离河之右侧，出林至雷公岩（此路段2公里）……顺崖底行过雷公岩，过水流，二过水渠，行2公里至金龙电站，过电站行车道，过水坝，过龙塘江村，到达肖家路口（此路段6公里）……乘过路班车（或至白竹铺，转乘桂林班车）返桂林（73公里）。

【友情赠言】
●这条线路曾是军校学员拉练每年必走之路，近年来因少有人行，穿越路朦，非专业户外驴友、无向导切勿贸然探线。
●行此线路事先联系自然保护区。
●反向穿越强度增大50%。

雷公岩

水，一路穿竹林直达老山界（此路段2公里）……过界入竹丛左走下山。穿过竹丛入原始林，一路下行山脊"之"字石阶路（右侧为溪谷，路朦仔细辨路），至上百步陡上神仙桥

老山界 线路图

猫儿山

老山界 1732

瑶王地

营地

电站

水渠 4km

清水湾

大坳

杀牛岭 2km 4km

百步陡

4km

六洞河

掉头河 2km

雷公岩 2km

金龙电站 2km

龙塘瀑布

龙塘江 2km

肖家

龙塘江

20150622

云浮戴云山

DENGDING
DAIYUNSHAN

登顶戴云山

　　猫儿山山脉著名高山戴云山，位于猫儿山山脉西南，与猫儿山之巅相距7公里，距桂林65公里，海拔高度1844米，是资源、兴安、龙胜三县的界山，山顶有国务院1999年立界碑。

　　戴云山山脊如鱼背，山顶巨石参天，谷深万丈，植被为杂木与细竹混交林。立于山顶，东可望猫儿山、老山界，西可望36包风光。

　　在山顶海拔1786米的龙胜境内杂木细竹混交林间，有平地及水源，是神奇的理想户外营地。

　　此山为桂林户外著名的"四大云山"（大云山、天云山、戴云山、登云山）之一。

　　【路线设计】源头→三岔河→戴云山→三岔河→源头。

　　【线路描述】猫儿山山脉著名山峰，三县界，山路直陡，山顶有理想营地。

　　【徒步里程】第1天6公里，第2天6公里。

　　【风景指数】★★★☆

　　【强度级别】★★★☆

【出行方案】

　　第1天（桂林乘车至三岔河，徒步至戴云山扎营）　由桂林桂北客运站乘资源县班车至资源（114公里），转乘资源开塘峒班车至塘峒终点站下（56公里）……沿车道继续上行2公里至源头

三岔河登山路口

村三岔河，右行小道80米过溪，顺路上行百米至渠，左行2米过渠顺道登竹山，登200米遇岔路直上行（凡遇岔路顺山脊而上不离山脊），至平走空旷山脊（此路段4公里）……顺路前行百米右见巨石，过石2米岔路右上行（路口不明显，行5米路清晰，亦可直行清晰路过溪流后右转上山脊），上行草山"之"字路，至山脊一路顺山脊而上，至山梁（此路段1公里）……顺山梁右行（左为悬崖，路在山梁右侧2米处），至戴云山顶（路在山包之间，右山包顶竹林间立有三县界碑），下行山窝80米至营地，安营扎寨（水源在

戴云山三县碑

营地下40米处。此路段1公里）。

第2天（原路下山经三岔河返塘峒，乘车返桂林）原路行山梁下顶，按原路标顺山脊下山（小心走错山脊），过三岔河，返塘峒……乘班车返资源、桂林。

【友情赠言】

●时间合适，可在桂林桂北客运站乘下午2：00开资源车田班车，在塘峒源头三岔河登山路口下。返程车田开桂林班车路过源头时间为

戴云山顶营地

9：00前。

●进出三岔河班车时刻不合适可选择自驾或包车，自驾、包车可由322国道马口岭入，经金石过大坳至三岔河，此线路比经资源路途近百公里。

●登山一路务必做好路标，以防返程错下山脊而迷途。

山顶水源

戴云山 线路图

20130423

塘峒

2km

瀑布

三岔河

水渠

水潭

源头

道班

2km

▲营地

★戴云山
1844

1km

1km

电站

清水湾

大坳

★景名　车道　徒步线路
●地名　小道　⑥徒步里程
▲营地　铁路　⑨车道里程
■新坝　水班　车道去向

江洲坪望锅底塘顶

越城岭余脉

越城岭山系越城岭余脉位于猫儿山山脉西南，漓江以西，分布在灵川与龙胜、临桂的交界线上。此山脉分为三支：西支为北西、南东走向，由其西北的锅底塘顶经蓝田入公平，再经鸡笼山进入临桂县庙头境。中支海拔比西支较低，为北向南西走向，自才喜界往东而南，经西岭、黄梅、石洞沿青狮潭东岸至临桂。中支多为土山，竹木繁盛，与西支诸山共为青狮潭水源林保护区。东支即长蛇岭支系，土山绵延，北起灵川山口，南至定江山脚。

越城岭余脉以锅底塘顶为最高，由北向南渐次降低。主要户外名山有锅底塘顶、江洲坪、神岭、鸡笼山、长蛇岭等。

ZHONGZHUANQINGYOU
DABAISHAN

大白山

重装轻游大白山

在龙胜著名景区彭祖坪东北3公里处，有一座海拔1710米的高峰，那就是大白山。大白山位于桂林城北偏西，距离79公里。大白山为草山，顶被高山杜鹃覆盖。此山顶虽陡峭，顶下却处处草坪，水源相当丰富。

位于大草坪毛塘的白山瀑布，水自大白山顶下鸟塘、雷溪而来，此瀑分上下两级，落差在40-60米，远远望去，如白缎披崖，十分壮观。大白山之水过毛塘继续下流，至雷打祖前再遇峭崖，一跃而下又形成两级大瀑布，二级瀑瀑床泛红，人称红头瀑布，此瀑高30米，跌幅宽大垂若珠帘，水落深潭如壮士凯旋。水潭旁是大片平地，曾有人欲开发景点投资建屋，因故放弃。

出行攻略设计乘车走彭祖坪旅游公路至毛塘扎营，轻装赏瀑布，登顶大白山。

【路线设计】红头瀑布→毛塘→白山瀑布→雷溪→鸟塘→大菜地→大白山→（原路返）毛塘。

【线路描述】大白山为彭祖坪上最高峰，草山顶高山杜鹃覆盖，顶下多草坪，有白山、红头两大瀑布群。

【徒步里程】第1天2公里，第2天5公里。

雷打祖红头瀑布

【风景指数】★★★★
【强度级别】★★★
【出行方案】

第1天（由桂林乘车至龙胜温泉，包车至毛坪，赏红头、白山瀑布群）在桂林琴潭汽车站乘龙胜班车至龙胜县城（89公里），转乘温泉班车至温泉（34公里），包车往彭祖坪毛塘（24公里）……车过泥塘桥入彭祖坪公路，行22公里（毛塘前2公里处）左见瀑布及小道时，再行约200米（弯道处）沿小道左下公路，过两道溪流至雷打祖红头瀑布（此路段1公里）……原路返，乘车继续前行至毛塘，安营扎寨（此路段3公里）……朝白山瀑布（北）行，离公路上山坡，顺小道过竹林，溯溪而上，至白山瀑布，原路返营地（此路段1公里）。

第2天（由毛塘营地登顶大白山后，乘车返桂林）向东北方向行过溪，顺路上行翻坳，下走过雷溪左上行（竖石方向），过小坳下行岔路左走，再遇岔路右行过鸟塘，再遇岔路再右行，顺流而上过小坳是大菜地，无路登右侧草山至大白山顶，原路返毛塘营地（此路段5公里）……乘

毛塘—白山瀑布群 1

包车返温泉，换乘班车返龙胜、返桂林。

【友情赠言】

●如自驾出行此线路将更为方便。

●彭祖坪亦有路登顶大白山。

●此线路可与彭祖坪同游。彭祖坪线路攻略本章及本丛书之1《山水桂林户外徒步实用手册》、之2《徒步桂林10大经典特色线路》中均有介绍。

高山草地—雷溪

白山瀑布

大白山的高山杜鹃

大白山
线路图

大白山
1710
500m
大菜地
鸟塘
1km
雷溪
高山草地
1km
白山瀑布群
毛塘
营地
绞头瀑布群
雷打祖
500m

环穿彭祖坪

HUANCHUAN PENGZUPING

彭祖坪

彭祖坪海拔高度1260米，位于桂林城北偏西78公里，地属龙胜各族自治县马堤乡龙家村委，自然保护区由县林业局管辖。

彭祖后裔聚居地具有传奇色彩的风景名胜彭祖坪，自古以岩之奇峻、水之跌荡、树之珍稀吸引游人。景致主要围绕在其西侧的因水流冲击山岩崩塌而形成的直径百米天坑山丝峒周边。著名景致有：彭祖岩、山丝峒瀑布、鸳鸯瀑布、千年铁杉、山丝峒守护神、情侣树。

桂林"10大名瀑"中落差最大的120米山丝峒大瀑布悬空坠落天坑时，白浪飞溢，水雾遮日，显出七彩光环，呈现传说中的彭祖佛光。时逢良辰，你会看到这一奇异景观。

本线路设计由张家行山脊直上彭祖坪，这是一条多年无人行走废弃重开的山路。此路密树遮阴，落叶铺地，途中有补水山泉，更春发竹笋，冬见香菇，偶尔逢灵芝。穿越下山走总桥，由总桥行石阶下芙蓉河，行车道返张家。

【路线设计】张家→老寨→彭祖坪→总桥→岸场坪→张家。

【线路描述】彭祖后裔聚居地彭祖坪，自古为风景名胜，有彭祖佛光、山丝峒瀑布。

【徒步里程】第1天7公里，第2天11公里。

【风景指数】★★★★☆
【强度级别】★★★★

彭祖坳底当道杉树

【出行方案】

第1天（由桂林乘车至张家，徒步登山至彭祖坪，游走彭祖坪南侧景观）在桂林琴潭汽车站乘龙胜班车至龙胜县城（89公里），转乘龙胜开芙蓉方向班车至张家村路口下（33公里）……小卖店屋背过桥左上石阶，岔路右行，老寨屋前岔路右行至坳口，岔路左平走，坡前岔路左上至大坪头（此路段1公里）……过屋前行，过荒田木棚顺路上行，水渠前岔路左上，杉林岔路右走5米后左上顺山脊路行，顺路下坡上坡，至大弯岩头水流（此路段2公里）……过水流顺路右转穿竹林至坪，岔路直上行山脊出龙家登山路，右走20米至彭祖坳底当道松树，继续上行数十米至彭祖坳（此路段1公里）……过坳下行至村屋（李二家。此路段1公里）……放下重装，继续下行过桥，沿路过水田经李三屋前至溪，顺溪右走（不过溪），左过小桥，沿小道行至坳，坳前岔路右走上山脊，至彭祖岩顶，退回20米右下走（留心寻找岔路，关键路口），在谒彭祖岩，行鸡颈岭至尽头，观山丝峒对面千年铁杉，原路返

走步起点张家

李老二家，田上方草坪扎营（此路段2公里）。

第2天（**游走彭祖坪北侧景观，穿越经总桥下山返张家**）由李老二家西下至溪，溪前右走，行数十米岔路左走向下，至鸳鸯瀑布，顺流而行，过溪行溪左，穿竹林，返溪右，顺路上山坡至草坪，左上观景台远观彭祖岩、山丝峒瀑布，下观景台继续前行，至山脊观景台，右观情侣树，继续前行岔路任选，下后顺路上坡下至千年铁杉，观天坑对面山丝峒瀑

山丝峒大瀑布

彭祖岩

布，原路返草坪，岔路左走，顺路行出，返营地（此路段2公里）······背上重装，按昨日观景线路顺水田左侧行至坳，直行过坳行数十米岔路右下，沿猴子弯山路下走（路陡小心，遇岔路下行大路），至总桥（此路段3公里）······穿村而下过梯田至变压器，右走过村屋遇岔路左下石阶，至车道右行至弯道处，左上接行石道下至岸场坪（此路段1公里）······过桥车道右行，岔路左上水泥路，上坡后遇岔路右平走，一路沿河流左岸返至张家（此路段5公里）······搭乘过路班车返龙胜、返桂林。

【友情赠言】
●此线路参考：本丛书之1《山水桂林户外徒步实用手册》"游走彭祖坪"篇、本丛书之2《徒步桂林10大经典特色线路》"山丝峒瀑布群"篇。
●由总桥至岸场坪后，亦可汽车接出张家。
●直达彭祖坪旅游车道：过龙胜温泉大门800米，泥塘村左过渡江桥上行（25公里）。

山丝峒守护神

彭祖坪
线路图

福平包

DENGDING
FUPINGBAO

登顶福平包

龙胜各族自治县多山，最高峰福平包，海拔1916米。福平包位于桂林城北偏西63公里，地处著名的金坑梯田、孟山梯田与矮岭温泉之间。福平包山体发育为山前梯地，800米以下为三级阶梯，水源丰盛，土壤厚实，周边遍布梯田，许多闻名遐迩的梯田便分布于此。

此山下为杂木丛，半山生矮竹，峰顶呈平台状。福平包长满灌木石榴花，春季花朵绽放满山红遍。

线路设计由灵川的新寨为起点，翻越大夫岭界，由小寨登顶，经金坑大寨出。

登山起点小寨是金坑景区最大的寨子，有村民160户。小寨梯田自成格局，韵味浓郁。福平包半山有最佳小寨梯田观景台。小寨清一色的瑶屋吊角楼画意十足地自福平包山腰泻下，与大山融为一体。

【路线设计】新寨→大夫岭界→旧屋→小寨→福平包→小寨→大寨。

【线路描述】福平包为龙胜最高峰，峰顶呈平台状，山体为山前梯地，山下遍布梯田。

【徒步里程】第1天14公里，第2天13公里。

【风景指数】★★★★

【强度级别】★★★★

小寨与福平包

【出行方案】

第1天（从桂林乘车至新寨，徒步过大夫岭界到达小寨） 从桂北客运站乘灵川公交车至灵川汽车站（或青狮潭路口。13公里），转乘灵川开簸箕塘班车至新寨（65公里）……过风雨桥行十来米岔路左道上山，至半界村岔路右上车道，行车道遇岔路右上至岔路小坪，直上小道至石板路左走,过小木桥沿溪而上，竹林间岔路左走（此路段3公里）……过水流、过朦胧坪坳上行于山之右侧，遇岔路行左不行右，走上不走下，过两道小瀑布，再行1公里至大夫岭界（此路段3公里）……过界顺大路下行，行2公里至旧屋，下至村中石板路，右走过风雨桥，出村一路平走，下走界上田，出村行车道，行不远左下小道向溪谷，过独木桥后上行返车道，顺车道上行右转，至大挂平（此路段4公里）……过村顺路行，一路基本平走，岔路行左，左下车道至小寨（此路段4公里）……村中安营扎寨。

第2天（由小寨登顶福平包后返回，经大寨乘班车返桂林） 原路返来时岔路口，左上走登山，遇岔路上行大路，过梯田上至观景台（巨石

大夫岭界

旁一棵杉树。此路段2公里）……继续顺山脊路上行，过斜插立石阵，入矮林行碎石路，钻竹林，遇岔路直上行，至顶时顺道右行30米，到达福平包顶（此路段3公里）……原路下山返小寨，村口右过风雨桥后顺石路左行，下溪过风雨桥再上，至新寨岔路左走下寨（此路段6公里）……一路下至大寨，继续前行，遇风雨桥不过桥，直行至景区大门（此路段2公里）……出门乘班车至322国道和平乡路口（27公里），搭乘过路班车返桂林（75公里）。

【友情赠言】

●新寨走小寨一路有水源，小寨登顶福平包无水可补。

●福平包顶部牛路多，登顶往高处走。顶为100平米草坪，间杂矮树。

●登顶福平包返小寨后，亦可出村顺车道行5公里至班车道口，然后搭乘班车出和平乡，再搭乘过路班车返桂林。

登顶由此行

福平包观景台

福平包之巅

福平包
线路图

★ 福平包
1916

3km

营地
观景台
小寨
2km
1km
新寨
印满田
2km
大挂平
大寨
1km
1km
界上田
2km
2km
景区大门
往桂林
旧屋
大夫岭界
2km
2km
朦胧坪
1km
才喜界

3km

半界

新寨

20140923

环走宁江岭 07

宁江岭

HUANZOU
NINGJIANGLING

环走宁江岭

　　灵川、龙胜、兴安三县的界山宁江岭，位于桂林城北部57公里处、才喜界东北，下为杂树与竹林混交，顶为茅草，海拔1325米。

　　才喜瀑布高25米，是桂林户外著名瀑布之一，隐于冯家湾深谷之中，水由才喜界流来。每至盛夏，前往观赏的驴队、游客络绎不绝。

　　线路设计以新寨为徒步起点，登顶后环穿经才喜界下山，赏瀑布后返新寨。

　　【路线设计】新寨→半界→宁江岭→才喜界→瀑布→冯家湾→新寨。

　　【线路描述】宁江岭为灵川、龙胜、兴安三县界山，顶为茅草，登顶环穿，赏才喜界大瀑布，轻装当天往返。

　　【徒步里程】11公里。

　　【风景指数】★★★☆

　　【强度级别】★★★

　　【出行方案】

　　在桂林市内乘301路公交车或桂北客运站乘灵川公交车至灵川汽车站（或潭下路口。13公里），转乘灵川开西岭、播基塘方向班车至新寨（65公里）……小卖店前岔路右走沿溪行（不过风雨桥），行数百米右过木桥行石板路上山坡，岔路左走至半界（此路段1公里）……屋边岔路右上行车道，至田侧岔路（关键路口）右走上行小道，沿此路入林一路上山，遇岔路上行大路至

岔路右走宁江岭

山脊，平穿竹林至岔路口（此路段3公里）……右出竹林登草山，顺山道行于山包左，过数山包顺路右登最高峰，至宁江岭顶（此路段1公里）……原路下山至竹林，岔路右过草山包下走至才喜界（此路段2公里）……岔路左下行，顺峡谷流水返至车道（此路段2公里）……下走遇岔路走左，岔路右下小道，至溪右见才喜界瀑布（此路段500米）……返回20米右走过溪，沿山坡路行至冯家湾，直行屋背路过村下车道，沿溪

新寨

登顶宁江岭

右车道返新寨（此路段1公里）······搭乘班车（或包车）返灵川、返桂林。

【友情赠言】

●新寨班车每日8：00由新寨始发，下午1：00返程。如时间不合可乘西岭班车请司机开至新寨或包车往返。灵川开西岭班车8：00、9：00。

●登宁江岭夏季草高没路，以冬、春季为宜。

●此线路反向穿越，可参考本章"穿越才喜界"走法。

才喜界坳口

才喜瀑布

宁江岭

线路图

才喜界

CHUANXING
CAIXIJIE

穿行才喜界

《灵川县志》载："才喜界位于九屋乡新寨村北。北接兴安县金石乡的银矿山，西去龙胜矮岭温泉9公里；为湖南城步入桂主要通道。界顶昔有人居，今存残垣。1934年冬，红军长征经此西进。才喜界海拔1287米。山多雪，无树，生长黄茅草和小杂竹。山脊百米以下，竹木蓊郁，且产方竹、斑竹等。"

才喜界距桂林城57公里。穿越此山可由灵川九屋新寨北上，线路设计至界口登顶后，穿越过界行出龙胜矮岭温泉。

【路线设计】新寨→才喜界→矮岭→龙胜温泉。

【线路描述】才喜界为灵川、龙胜两县界山，古代重要通道，以灵川新寨为徒步起点，登顶后穿越界口下至龙胜温泉出。

【徒步里程】第1天6公里，第2天17公里。

【风景指数】★★★★

【强度级别】★★★★

【出行方案】

第1天（由桂林乘车至新寨，徒步登顶后过

才喜界坳口） 由桂林市内乘301路公交车或桂北客运站乘灵川公交车至灵川汽车站（或潭下路口，13公里），转乘灵川开西岭、播基塘方向班车至新寨（65公里）……过风雨桥行十来米岔路左道上山，至半界村屋岔路右上行至车道，左行车道遇岔路右上走，至弯道小坪直行小道至石板路，左走过小木桥，竹林间遇岔路右上走，至才

岔路右走才喜界

喜界坳口（此路段4公里）……右路直登山顶后返界口，过界岔路左下，遇岔路右走，竹林间水源处扎营（此路段2公里）。

第2天（由才喜界营地下山，行车道至黄泥坳，顺游道步出龙胜温泉景区大门） 由营地顺路下走，行不远上车道（此路段1公里）……右行车道（顺溪流而下），村头遇岔路过桥，行1公里至黄家寨，再行3公里过黄毛坪，遇岔路均左行，再行4公里至矮岭（此路段8公里）……继续顺此车道前行，行4公里遇岔路左走过溪，经黄泥坳，一路沿溪畔游道而行，出温泉大门（此路段8公里）……搭乘过路班车返桂林（123公里）。

新寨风雨桥

【友情赠言】

●灵川至播基塘班车每日8:00由新寨始发，下午1:00返程。如时间不合可乘西岭班车请司机开至播基塘或包车往返。灵川开西岭班车8:00、9:00。

●翻过才喜界下车道后，如不愿继续徒步，可乘班车出江底返桂林。

●出温泉大门后，如无直返桂林班车，亦可搭乘班车至龙胜（34公里），转乘班车返桂林（89公里）。

才喜界雄姿

才喜界界上

龙胜温泉大门

往桂林
龙胜温泉
4km
黄泥坳
4km
矮岭
4km
新建村
3km
黄毛坪
1km
黄家寨
1km
营地
300m
才喜界 ★ 1287
1km
4km
新寨

20130930

才喜界
线路图

★ 景名　　徒步线路　　出油
● 地名　　车道　　⑥ 徒步里程
▲ 营地　　铁道　　● 车道里程
■ 桥坝　　水域　　← 车道去向

乌鸦坪

FANYUE WUYAPING

翻越乌鸦坪

乌鸦坪地处桂林城北，距桂林55公里，为灵川、兴安两县界山。《灵川县志》载："乌鸦坪，位于九屋乡老寨村北，与兴安县金石乡交界。海拔1172.4米。"

乌鸦坪顶为杂树、竹子混交原始林遮盖，水源丰富，曾有田地，现已无人耕种。

线路设计以灵川方向的老寨为起点，由西向东穿越，过乌鸦坪下至兴安文家洞，出油炸街。此为轻装一天穿越线路攻略，当天往返桂林。

【路线设计】老寨→乌鸦坪→文家洞→油炸街。

【线路描述】乌鸦坪为灵川与兴安两县界山，顶为杂树林，曾有田地。一天穿越线路。

【徒步里程】10公里。

【风景指数】★★★☆

【强度级别】★★★

【出行方案】

由桂林桂北客运站乘灵川公交车至灵川汽车站（或潭下路口。13公里），转乘灵川开西岭、播基塘方向班车至老寨（63公里）……左路入村，行水泥路上穿村寨，村屋背左上山坡，行"之"字路数分钟至小坳口，竹林间岔路右上行（关键岔路），再行路旁出现白色塑料筒"军用光缆"标志，顺此标志行（此标志将一路相伴至过山坳口），凡遇岔路右上行，竹林间平走，遇

岔路前行，行数十米再遇岔路右走，至乌鸦坪坳口（此路段4公里）……下坳过荒田，行于峡谷之左，顺路下山至田舍、村寨，竹林间遇岔路右走（路陡滑小心），下至文家洞（此路段4公里）……顺车道行，过"红军桥""红军堂"，右走过拱桥后左走小道顺水流行，至车道左走，岔路右行，过木板桥至油榨街班车道（此路段2公里）……搭乘过路班车出马口岭（40公里），搭乘班车返桂林（33公里）。

行过老寨

桂林户外运动丛书之4
桂林户外登山100峰

乌鸦坪垭顶

走出文家洞

油炸街

【友情赠言】

●灵川开西岭班车每日8:00、9:00，开播基塘班车13:00。可请司机至终点后继续开至老寨，或包车前往。

●穿越下至文家洞后，亦可左行车道至中洞村搭乘班车。

●永安经马口岭开兴安每天7班，末班车下午3:40发车。

乌鸦坪
线路图

锅底塘顶

CHUANYUE GUODITANGDING

穿越锅底塘顶

　　《灵川县志》载：越城岭余脉位于漓江以西，为县境西部屏障。其西北的锅底塘顶为灵川与龙胜县境。锅底塘顶位于蓝田瑶族乡，海拔1722.4米，为县境最高峰，西江源头。

　　锅底塘顶因其顶有山凹如锅状而得名。此山山腰分布着茅草，山顶被原始林及高山矮竹覆盖，古木参天、滕蔓密布。

　　桂林户外有两座山较难登顶，锅底塘顶为其中之一，登锅底塘顶难在山头多道路多，难辨其顶，云雾缭绕时更增添登顶难度。曾有不少驴队登顶因种种原因不能如愿以偿。

　　山民中流传一个故事：500年前，锅底塘顶有以廖氏三兄妹为首的悍匪，常下山催逼山民送吃送喝，突然近月末下山催粮，山上也不见了袅袅炊烟、通明灯火，有胆大山民上山探看，发现匪寨无声无息人去屋毁，就像有神秘力量令匪寨消失，此事至今仍是个迷。至今登顶可见丈余宽石板砌成之古道遗迹。曾有驴友登山在遗址上找到青花瓷片，经专业人员鉴定为元末明初的瓷器。

　　【路线设计】滚水坝→水沟头→瓮江→锅底塘顶→桥顿。

徒步起点滚水坝

水沟头走瓮江小道

　　【线路描述】锅底塘顶为灵川、龙胜两县界山，灵川最高峰，顶有山凹如锅状，山顶覆盖原始林及高山矮竹，流传着神秘故事。

　　【徒步里程】第1天14公里，第2天17公里。

　　【风景指数】★★★☆

　　【强度级别】★★★★

　　【出行方案】

　　第1天（由桂林乘车至滚水坝，徒步登山经瓮江至锅底塘顶下扎营）由桂林桂北客运站乘灵川公交车至潭下路口（或至灵川汽车站。13公里），转乘兰田班车至兰田乡（49公里），请司机继续开（或包乘微旅车）至滚水坝（板垒界路口。8公里）……过坝左上行车道，行1公里岔路右拐，行20米离车道左上小道，行百米过竹林后遇岔路左走，顺路上至板垒界村（此路段2公里）……右走车道，岔路行左，经赵家至水沟头瓮江小道口（车道向左拐角处，见水流沟渠。此路段3公里）……顺小道右上行至山脊五岔路口，右平走大路，再遇岔路前行过坳，顺路行山腰路（右侧山下田棚、黄河田村寨相继出现），遇岔路继续平行山腰，右过水流至瓮江村（此路段3公里）……穿村而过，上行至最上方村屋，右小道平走，岔路左上，过竹林间两户人家，石阶上行，岔路右行至草山（此路段2公里）……平走右拐入林，一路向北平走，出没于草山与树林间，出林见右上方20米处一平行小道（此路段3公里）……前行百米坡缓处右上小道，反方向回走，岔路左上行石阶，沿坳而上（左为草山，右为树林）至水流，过水流上行至草坪，安营扎寨（此路段1公里）。

第2天（轻装登顶，返营地后穿越下山，经桥屯至白石河口）岔路左上，沿水流上行，遇岔路行大路，再行1公里至小坳，岔路左上行（不下山窝），穿竹林登至锅底塘顶（草山见斜立岩石。此路段2公里）……原路下顶返营地，返平行路口，顺路直行，再遇岔路走左，下行山脊（可见两侧山下村寨），顺路直下村寨，过桥顿（桥屯。此路段7公里）……沿车道下行，顺流水行至白石河口（此路段8公里）……搭乘过路班车返和平路口（3公里），搭乘过路班车返桂林（76公里）。

【友情赠言】
●由滚水坝经蜜蜂岩有车道通达瓮江。
●下至桥顿后，亦可包村车出和平路口。

由上道登顶

顶下营地

锅底塘顶

锅底塘顶
线路图

游走江洲坪

**YOUZOU
JIANGZHOUPING**

江洲坪

　　江洲坪海拔1514米，位于桂林城西北46公里，地处灵川、临桂、龙胜三县界，山顶设有国务院立三角形三县界石碑。江洲坪北邻海拔1722.4米的灵川县最高峰锅底塘顶，两峰山脊相连。

　　江洲坪三县界碑东1公里处筑有江洲坪水库，水库海拔高度1322米，库水主要用来发电。西部水库尾有一眼清泉从山缝间流出，十分清凉，这里平坦开阔，是一方不错的营地。

　　这是一个充满传奇色彩的神秘土地。据称江洲坪由99座馍馍草山组成，馍馍山头青草一望无际，千亩高山草场放牧着无须看管的牛羊。山包上惟妙惟肖的海豚石、川石，是江洲坪的又一大亮点。

　　春时，江洲坪多香菇、木耳，金秋是江洲坪野果收获的季节，每年此时，村民便上山采摘，大包小袋地挑着野荔枝、野芒果下山。

　　【路线设计】黄皮江头→水库营地→测风塔→三县界碑→海豚石→水库营地→电站前渠→黄皮江头。

　　【线路描述】江洲坪为三县界，千亩高山草场，盛产野果，可赏高山奇石海豚石，是一块充满传奇色彩的土地。

　　【徒步里程】第1天2公里，第2天8公里。

　　【风景指数】★★★★

　　【强度级别】★★★

江洲坪营地

　　【出行方案】

　　第1天（由桂林乘车至黄皮江头，徒步到达营地）由桂林桂北客运站乘灵川公交车至潭下路口（或至灵川汽车站。13公里），转乘兰田班车至兰田乡（49公里），包乘微旅车至黄皮江头村下（车道尽头。15公里）……村屋前行平走穿村而过，至水流顺路右上，行数十米岔路左拐上行山路（1米宽沙石小道），穿竹林，遇岔路行主道，一路上行，过坳平走后下走，至水库尾营地，安营扎寨（此路段2公里）。

黄皮江头村

第2天（寻找三县界、观赏海豚石，返营地后环走下山返车道） 由营地左（西）入树林，行数十米顺路右上山坡，至草山梁岔路左行，过测风塔继续沿山梁路前行，过山头竖石至竹林前，见右侧山包顶三县碑（此路段2公里）……行过三县碑下山，顺路右下山窝，顺山窝过水流，左上山坡至海豚石（此路段1公里）……原路经三县碑、测风塔返营地，由水库左侧行至大坝，过坝顺流行1公里至电站水坝，顺渠道行至渠左出现岔路，下行此岔路（路较陡），竹林间下至岔路直行，下山坡返回黄皮江头村（此路段5公里）……乘包车返兰田，乘班车返灵川，转乘班车返桂林。

【友情赠言】
●桂林自驾或包微旅车可直达黄皮江头。
●包车进黄皮江头时记下司机电话，以便返程联系接出。

三县界碑

游走馍馍草山

海豚石

江洲坪
线路图

环游走神岭

HUANYOU ZOU
SHENLING

眺望神岭

神岭地属灵川县三街镇溶流村，位于北障山山脉之北，湘桂走廊322国道322里程碑处，因瀑布群而名，距桂林市区30公里。由桂林北行，来去十分便捷。

神岭GPS实测海拔896米，山虽不高却山势险峭，峡谷深邃，林木葱郁，飞瀑奇绝。登神岭入山门行不远，瀑布轰然之声便袭耳而来。顺路沿溪上行，至山顶后转一圈由坳而下，一路将经过溪谷、密林、棕叶林、草山等地带，观赏不同山景。山顶有"二战"时期水泥航标座一块，上书"军Ⅱ"。

神岭可冬赏冰雪，春赏杜鹃花，夏赏飞瀑，秋赏野果。目前，此山已成为驴友户外登山观景的经典热线。

【徒步里程】8公里。

【风景指数】★★★★

【强度级别】★★★

流泉飞瀑

【出行方案】

由桂林桂北客运站乘兴安班车至溶流村委下（28公里）……左过马路入神岭山门，顺车道行约200米过桥（水自神岭流来）岔路右走。再过桥，入景区大门，继续前行，过小桥顺溪畔小径行至休闲长廊（农家乐。此路段1公里）……左走百米至尖峰瀑布，返回前行穿过休闲长廊，平走过农家乐，左转顺路右下至溪，过溪拾阶而上，经神龙戏水继续上行过溪，顺溪左上行至中岭瀑布（此路段1公里）……岔路（关键路口）顺溪直行，过溪走溪左，遇岔路走上，顺路过棕叶林，左上山顶（此路段2公里）……左（南）路下顶，行山脊至山坳，坳口岔路左下行，顺路过二十四湾瀑布，返至中岭瀑布岔路口（此路段约2公里）……原路顺流而下，出景区大门，返322国道（此路段约2公里）……搭乘过路班车返桂林。

神龙瀑布

【路线设计】溶流村委→尖峰瀑布→中峰瀑布→神岭顶→中峰瀑布（原路返）→322国道。

【线路描述】登神岭游山玩水，风光奇绝，交通便利，是驴友户外登山观景的经典热线。

【友情赠言】

●此线路无门票之说。

●行此线路可参考本丛书第2册《徒步桂林10大经典特色线路》之"神岭瀑布群"篇。

登顶神岭

中岭瀑布

杜鹃花开

神岭 线路图

凉风桥站望北障山

北障山穿越 07

BEIZHANGSHAN CHUANYUE

灵川县志称：北障山又名百丈山。位于三街镇凉风桥村北，海拔884.5，为县境北部屏障。与海洋山系的东山平行对峙，形成湘桂低谷走廊出口；湘桂铁路、桂黄公路皆沿东麓南下，山脊无树，设有航空线标，冬多积雪，俗称"帽子头"，其阴晴雨雾，为当地小气候征兆，历代居民习以此预测气候变化。脊下则林木蓊郁，为水源山。

北障山与神岭山脉相连，位于神岭之南1公里处。此山山顶平缓开阔，长满矮竹与青草，山脊东树木繁茂，山脊西崖壁森森。山顶1954年立水泥座标上书："长委会 洞湘1954Ⅲ-Δ315"。

登山者常顺山脊直行，两山同游。立于顶可远望东面遥遥相对的东山、摩天岭，俯瞰三街、溶江两镇田园村舍。阳春三月，一路杜鹃花开最是灿烂，逢此时，春游者满山遍野。

草山山脊

【路线设计】上花坪→凉风桥→北障山→神岭坳→中岭瀑布→尖峰瀑布→溶流村委。

【线路描述】与神岭一脉相连，由神岭坳一路瀑布下山，出溶流村委，春时杜鹃花开漫山遍野。

【徒步里程】10公里。

【风景指数】★★★★

【强度级别】★★★

烂漫山花

【出行方案】
由桂林桂北客运站乘兴安班车至上花坪村下（凉风桥路口。23公里）⋯⋯左过马路，前行车道至凉风桥火车站，顺路左过铁轨，行出火车站右走，遇岔路直行过高压电铁塔，至山脚车道右拐弯处（此路段1.5公里）⋯⋯离开车道直行小道，过松林，沿小径直达山脊草山（此路段2公里）⋯⋯左上行草山，顺山脊行过细竹林至山梁，右走山梁至北障山顶（行过顶之路，以免错过顶峰），穿越顶峰顺山梁至神岭坳（山梁最低处，前方高峰为神岭。此路段2.5公里）⋯⋯右走下坳，顺路过二十四湾、中岭瀑布，遇岔路下走，过休闲长廊（农家乐），出神岭景区大门，行至溶流村委（322国道。此路段4公里）……搭乘过路班车返桂林（28公里）。

【友情赠言】

●此山与神岭一日同登，可参考前篇"环游走神岭"及本丛书第2册《徒步桂林10大经典特色线路》之"神岭瀑布群"篇。

●此线路无门票之说。

穿越北障山

顶峰标识

二十四湾瀑布

北障山 线路图

穿越公平鸡笼山

有《桂林漓江志》"桂林主要山脉、山峰"篇载："鸡笼山位于青狮潭水库公平湖西岸。海拔1100米，界于临桂中庸田村。为流峰江（又名公平河）源头。有国营鸡笼山林场，产杉木。山顶有一泉井，长宽各0.8米，深近1米，终年不枯不溢，相传水能治病，俗称'仙水井'。井西北面为绝壁。"《灵川县志》亦作了同样的记载。

公平鸡笼山距桂林城42公里，因顶似鸡笼而得名。此山分南北两峰，北峰略高，翠竹林间，曾有古庙一座，因时代变迁而毁，现已重建。山顶水源堪称丰富，除仙水井外，另有两三处流泉。此山生得陡峭，处处绝壁，最绝处在西侧。此山之东西各有峡谷。东面流峰江峡谷直陡多瀑布，西面邕江河峡谷平缓宛长。

登鸡笼山之顶，东可观青狮潭碧水悠悠，濛濛淼淼，西可望宛田山舞龙蛇，绿野风花。

【路线设计】公平→钩腿底→鸡笼山→蝴蝶谷→瓮洲。

【线路描述】灵川、临桂两县界山，山分两峰，山顶有古寺庙、仙水井。

【徒步里程】16公里。

【风景指数】★★★☆

【强度级别】★★★☆

基龙大庙

【出行方案】

桂林城区乘301、302路公交车（或乘99路公交车至汽车北站换乘灵川公交车）至灵川汽车站（或潭下路口。13公里），转乘公平班车至四合村（公平街口。40公里）……左走顺车道过桥，沿溪右上行（前方可见鸡笼山圆顶）。行500米遇岔路直行，再行800米遇岔路行右（不过桥），一路顺溪右行过钩腿底，至高江石桥前岔路口（此路段4公里）……右过桥，顺车道左拐，行200米右上小道（见基龙庙路标），行百米遇岔路走右，再遇岔路均走左（右为放竹槽，近但陡），一路行至仙水井下岔路口（见路标），上走150米，右见仙水井（此路段2公里）……原路下行150米返岔路口，左走至基龙庙，庙背左上行，行20米岔路右走，登至北峰顶，前行下坳，登至对面南峰之顶（见测风塔。此路段1公里）……继续前行（南），穿竹林沿山脊小道行，行1公里至坳口（见石墙），右下顺山沟路行，至横行路右平走百米，顺山脊直下至车道(此路段2公里)……沿车道右行，遇岔路走上不走下，走右不走左，行2公里至坳口，过坳右下，行4公里遇岔路走左（不过桥），出瓮洲321国道（此路段7公里）……搭乘过路班车返桂林（43公里）。

【友情赠言】
●海洋山山脉另有一鸡笼山，海拔1646米，为灵川、恭城、阳朔三县界山。

●此穿越线路如一天时间紧，可扎营寺庙，作两天安排。

鸡笼山北峰

鸡笼山南峰

山顶俯瞰青狮潭

公平鸡笼山
线路图

盘古岭穿越长蛇岭

眺望长蛇岭

PANGULING
CHUANYUE
CHANGSHELING

桂林城北6公里处卧着一座东北-西南走向，长10公里、宽1公里的长条形山脉，那就是海拔485米的长蛇岭。近代以来，长蛇岭多次成为战场。

长蛇岭中部偏东有峰盘古岭，海拔622米。民国十八年（1929年）灵川县志载："盘古岭自鸡笼山逶迤来至此，垚然高起，左右开嶂，巍峨雄峙，绵亘数十里，与尧山东西相望，为县南巨镇。省龙由此渡脉，山顶有盘古庙，香烟素盛，如遇灾祲，远近之人咸往祷禳焉。"1977年版灵川县志称："盘古岭又名青云山，位于灵川镇岭脚村西。松林茂密。山巅有盘古庙，始建于明，今毁。"

长蛇岭清泉急涌，碧水盈盈，口感甘甜。大珂泉、盘古泉、青云泉、马塘泉为4大名泉。周边居民常带着大瓶小罐前往取水泡茶、煮鸡，常天未亮就去排长龙队，等候5小时。

【路线设计】禾家铺→盘古岭山脚→盘古庙遗址→珂泉→盘古泉→青云泉→战壕遗址→马塘泉—灵川。

盘古庙遗址

【线路描述】长蛇岭山虽不高却长，有四大名泉、古庙遗址，旧时多次为战场。

【徒步里程】14公里。

【风景指数】★★★☆

【强度级别】★★★

珂泉

【出行方案】

由桂林城区乘301、302路公交车（或乘99路公交车至桂北客运站换乘灵川公交车）至禾家铺下（10公里）……路左车道进，过禾家铺村、莫家村、高速路至电石厂岔路口直行，再遇岔路右走，顺围墙行至盘古岭下（此路段3公里）……右过小屋顺路上山坡，遇岔路右走，沿山脊穿过松林，遇岔路走上不走下，走大不走小，过小坳后右行古石阶路，上至横行岔路口，右平走20米至盘古庙（此路段约1公里）……原路返，行过来时岔路口平直走大路，松林间遇岔路下行。过珂泉，顺路下行至车道，岔路左走，至废弃屋前时，左小道穿插下行返车道。继续左行车道，至盘古山庄时右行至盘古泉（此路段2公里）……
返车道继续下行至岔路口，左走至青云农庄，
观罢青云泉左上行穿过车道，小道直上行，至
车道，穿过车道右上行小道（方向：山顶右上方
坳口）。遇岔路走上不走下，行约1公里至坳口旧
墙（此路段约2公里）……顺山脊古墙小道右上
行，行约1公里至草山顶，穿越向前下行，过壕
沟向右数米左下陡坡，至林间山凹最低处，离
开山脊右下（偏左），行30米路显现，顺路下
至岔路口，左行30米至马塘泉（此路段2公
里）……返回顺路下山，遇岔路向下行，顺小道
至高速路，行天桥穿过高速路，经马塘村出公
路，右走至灵川322国道口（此路段4公里）……

搭乘过路班车返桂林（13公里）。

【友情赠言】

●此线路岔路较多，留心辨别方向，不可
无路穿越。

青云泉

盘古泉

战时工事

盘古岭－长蛇岭
线路图

大平塘背

天平山山脉

　　天平山山脉属越城岭山系之余脉，龙胜南及临桂西北部分又有全数山山脉、三台山山脉之称。天平山山脉北南走向，分布于龙胜、临桂、永福境西侧，连绵长达155公里，为与湖南之自然分界线。此山脉海拔高度由南而北，由北至南向中部逐渐下降，山脊平缓圆滑，山坡西缓东陡，水系发育，峡谷之中河道纵横，沿河陡坎、平台、壶穴特别发育。海拔千米以上地段森林茂密，千米以下可辟为梯田、耕地。

　　天平山山脉最高峰小广福顶海拔1825米，山顶呈不规则状，同时出现不宽的平台，20世纪60年代曾驻军。由此向北延伸支脉多为长条状分水岭，呈隔槽式走向山势。两侧水系呈树枝状分布，这一带有著名的红滩及滩头瀑布。这里森林茂密，保持原始生态。由于动植物资源丰富，已辟为花坪国家自然保护区。

　　天平山山脉户外名山北有小广福顶、三十六坡、大平塘背，南有登云山、西登山、都琅界。

穿越三十六坡

海拔1646米的鸡笼山是灵川、恭城、阳朔三县的界山，距桂林城57公里处，龙胜县和平与金车之间有座海拔1192米的小山脉，人称三十六坡。三十六坡由无数馒馒状草山组合，三十六取六六大顺之意，其实山包数量远大于此。

登三十六坡，东可望马才梯田，西可望金车、洪门寨梯田。南望，海拔1578米的大平塘背巍然耸立。

三十六坡无数滚圆的草山包围定一水库，库水又环绕一馒馒山包，碧绿连天，馒馒喜人，湖水相亲，触景生情，妙不可言，怎不叫人痛快淋漓？好一方户外之绝佳风水宝地！

【路线设计】拐江→拉降→现坪→三十六坡→田坪山→金车→拐江。

【线路描述】三十六坡无数滚圆的馒馒状草山包围定一水库，登三十六坡可远眺马才、金车、洪门寨梯田。

【徒步里程】18公里。上山8公里，下山10公里

【风景指数】★★★☆

【强度级别】★★★

【出行方案】
桂林琴潭汽车站乘龙胜班车至拐江（83公

三十六坡
线路图

里）……公路左侧简易车道上行，遇岔路左走，行此道至车道尽头拉降（由拐江登山行约2公里，在车道右拐处有阶梯小道可直上穿插车道。此路段3公里）……寨中石路右走出村过水田（前方电杆方向坳口），过水流遇岔路行左，行约500米岔路右走至坳口（此路段2公里）……过坳顺路左平走，竹林间遇岔路右平走，见现坪村（三十六坡方向为村背高山），不入村，村前左山坡路上竹林，顺路行于山右侧，沿废弃水渠而行，上至草山遇岔路均左走，过坳（左侧远方可见和平乡）行于山包左侧，至三十六坡水库坝下草坪（此路段3公里）……上坝右走过小桥，行水库右侧小路，行至一半遇岔路右走上坡（见石堆），过小坳后下行，顺沟转下去至山腰水渠道（或行水库右侧小路过水库后右登山，行山顶路右平行后左顺沟下至水渠道），直下大草坡，由小树林右侧行下梯田，林中岔路左下行，穿过林子再遇岔路左下行至车道（此路段2公里）……右行车道（遇岔路行主道，入村小道均不能行），行1公里时至竹林间岔路，直走约60米遇岔道顺电杆直下小道入茶籽林，穿插返车道右走，过瀑布行不足百米左走竹林间小道，茶籽林间遇岔路右走穿越下车道，左走下拐至班车道（此路段4公里）……顺此道右行过金车，继续行至拐江321国道口（此路段4公里）……搭乘过路班车返桂林。

【友情赠言】

●穿越下至金车后，亦可乘班车出拐江。

●微旅车经金车、田坪可直达三十六坡水库大坝。

登山路口

行走三十六坡

三十六坡水库

下山走图腾山

眺望马才梯田

大平塘背

大平塘背大穿越

DAPINGTANGBEI
DACHUANYUE

临桂与龙胜交界处有一座神秘山峰，此山深藏不露、风光绝妙，令无数户外驴友魂牵梦绕，这就是桂林城西北54公里处海拔1578米的大平塘背。

大平塘背东为草坡，西为树林，顶为石峰，周边是广阔草山。此山向北延伸的两条山脉分布着平度、马才、洪门等诸多著名梯田，北边的三十六坡、拉秀和南头的吉瓮瀑布，都是著名的户外目的地。立于山顶可远眺龙胜县城。

出行登大平塘背，周边有多条线路，此处选择的是由临桂的平水登顶后穿越下龙胜的平度，强度较大。

【路线设计】平水→吉瓮→大平塘→大平塘背→平度→下孟。

【线路描述】大平塘背是临桂与龙胜两县界山，顶为石峰，周边分布众多著名景致。

【徒步里程】第1天7公里，第2天12公里。

【风景指数】★★★☆

【强度级别】★★★☆

【出行方案】

第1天（从桂林乘车至平水，徒步登至大平塘寨） 由桂林琴潭汽车站乘宛田班车至宛田（46公里），包乘柳微车（小面包）至平水村（48公里）……入村行至村中心，左行出村平走田埂路，过独屋右路上行至坳（见水渠），过坳顺路下行（坡对面见吉瓮寨），过溪桥、梯田上至吉瓮寨（此路段2公里）……上穿村寨，沿石板路行于村右峡谷，遇岔路行主道（不离峡谷），半山溪前岔路右走，过溪岔路走左

大平塘背
线路图

下孟

3km

平度

5km

大平塘

营地

4km

1km

★ 大平塘背
1578

4km

吉瓮

2km

平水

★景名　〰徒步线路　⛰山峰
● 地名　〰车路　6徒步里程
▲ 营地　🚗铁路　9车程里程
■ 新坝　💧水塘　一年四季去向

20131224

上，再遇溪过溪至荒田，沿左边行过荒田（右见瀑布），上行过田地左拐上至车道（此路段4公里）……车道右上行，行600米（拐2个弯）右见明显小道，行小路过小坳，下至大平塘寨（此路段1公里）……安营扎寨。

第2天（由大平塘寨登顶大平塘背，穿越下山行至下孟）向前行水泥路出村口，岔路小道右上，再遇岔路右上坳，至坳遇岔路左走，平走一段后下过水流，右上行至山坳（此路段1公里）……前行山腰小道至山包（右可观漂亮石峰及围石墙），左一路平行山腰小道（前方见大平塘背），过小树林上行草山，至大平塘背下坳口（此路段2公里）……右路入林顺路行，左转，顺左侧流石直上，行十来米出竹林是草山，右上冲顶（此路段1公里）……前行穿越下陡崖至草坡，下至坳口岔路左入林，顺溪而下，离溪平走山腰路，行于山谷右，至坳口（此路段3公里）……右下坳（见梯田、村寨），遇岔路行大路，下至平度寨（此路段2公里）……穿村而过，车道左下行，至岔路右走过桥，至下孟寨（此路段3公里）……乘班车出拐江（8公里），转乘过路班车返桂林（83公里）。

【友情赠言】

●来到大平塘背坳口草坪后，亦可攀坡直上登顶。

大平塘寨

大平塘背下的坳口

大平塘背之巅

平水衬

徒步终点下孟寨

小广福顶

DENGLING
XIAOGUANGFUDING

桂林有一座20世纪60年代曾在山顶修筑军营的山峰，这座山峰就是小广福顶（或称广福顶）。小广福顶位于临桂县宛田乡西北花坪国家自然保护区安江坪保护站。小广福顶GPS实测海拔高度1820米，实为临桂第一高峰。小广福顶上至今仍可见军事遗址多处，山顶瞭望台现建有通信塔。

登顶此山有车道、便道两条路。车直达安江坪村，由安江坪村登至山顶垂直高度500米，最快行走1小时可达。

此山冬季香菇遍野，春日山花烂漫。登顶后立于瞭望台，放眼四望，一览众山。

【路线设计】路口凉亭→安江坪保护站→安江坪→小广福顶→安江坪→安江坪保护站→班车路口。

【线路描述】国家级自然保护区山峰、临桂最高峰，曾建有军营及登顶公路。

【徒步里程】16公里

【风景指数】★★★☆

【强度级别】★★☆

【出行方案】

由桂林琴潭汽车站乘黄沙班车至安江坪路

军营遗址

200m

小广福顶
1820

军营遗址

300m

安江坪

500m

安江坪保护站

小广福顶
线路图

20130301

往桂林

安江坪保护站

安江坪村

登山小道

军营遗址

到达山顶

口（65公里）……岔路右上，行车道约2公里遇岔路左走，再遇岔路直行大路，至安江坪保护站（此路段5公里）……入保护站左遇岔路直行中间路（见指路牌），上行百米遇岔路直行大路，至安江坪村（此路段500米）……过溪，从两屋间穿过至屋背，上行小道30米见1米宽水泥便道，沿水泥便道左上行，行"之"字形登山路至车道，穿过车道继续上行小道（此路段不足1公里）……行小道再出车道，顺车道左上百米路右见竹林间陡直小道，上行此小道至军营遗址（此路段1公里）……穿过营房左上行车道，行200米至岔路口，左小道上至山顶瞭望台（此路段200米）……原路下顶左走车道，行300米返至来时小道路口，沿小道右下，顺水泥小道原路返至安江坪村（此路段2公里）……顺车道返保护站，出大门原路返班车路口……搭乘班车返桂林。

【友情赠言】

● 记下末班车站点时间，以免错过。

● 如黄沙班车不合点，亦可由桂林乘宛田班车至宛田，包车直达安江坪村。

● 由安江坪登山车道绕山转圈，路程比便道长约4公里。

大雾山

DENGDING DAWUSHAN

登顶大雾山

大雾山又名将军石，位于桂林西南部永福县百寿镇新隆村委靛棚村，与桂林距离66公里，车程93公里。

永福县志载：大雾山属天平山脉，是永福与融安的交界山，其主峰海拔1291米，为永福县边界最高峰。该山长40公里，宽12公里，还有海拔千米以上的山峰8座，是永福县的主要林区，亦为水源林区，有紫檀木生长。龙江和百寿众多支流发源于此山。百寿到融安有山道经此山孟公坳翻越，鸟道羊肠，十分险峻。

大雾山下为丛林，顶为草山。登山之路奥妙而秀美，一路水源丰富。将至顶山体陡峭，无路须攀岩而上，至顶后，可由山梁向西南经黑石界穿越至孟公坳。

【路线设计】靛棚→牛拜塔瀑布→香菌场→大雾山→靛棚（原路返）。

【线路描述】桂林与柳州的界山、永福县最高峰、草山顶、途经大瀑布。重装出行，轻装登顶。

【徒步里程】第1天1公里，第2天9公里。

【风景指数】★★★★

【强度级别】★★★★

大雾山
线路图

大雾山
1291

山坳

500m

2km

1km

香菌场

乌江沟

石洞

牛拜塔瀑布

1km

柳

1km

靛棚

营地

河

20141216

★ 景名　徒步线路器　山洞
● 地名　车道
▲ 营地　铁路　6 徒步里程
■ 帐顶　水班　车道里程
　　　　　　　一车道去向

【出行方案】

第1天（由桂林乘车至靛棚，扎营） 桂林琴潭汽车站乘寿城方向班车至百寿镇（78公里），包小面包车至新隆靛棚村靛棚河畔（15公里）……右上行车道（不过河）过最后一户人家继续前行小道，行200米岔路直行过水沟，过沟后岔路右上，行400米左过溪，安营扎寨（此路段1公里）。

第2天（登顶后原路返回） 沿溪而行过第2道水，再行至乌江沟牛拜塔大瀑布，上行30米遇溪，右钻石洞（不过溪），上攀至路，行500米至香菌场过第3道水（此路段1公里）……上行登山，行200米遇岔路右上走（留意关键路口），行约1公里至溪行溪左（不过溪），顺路再至溪右过溪（此路段1公里）……行溪右上至山脊，顺山脊攀至山梁（此路段2公里）……顺山梁左行过一个山头，登至大雾山之巅（此路段500米）……原路下山，返回靛棚村。乘包车至306省道，搭乘融安、融水过路班车返桂林。

【友情赠言】

● 前段沿溪谷而上，后段因无路攀登，登至山梁点可能偏差，圆形草山最高处为顶。

● 登山留路标记住路线，以防返程迷途。

● 环登大雾山如从孟公坳走黑石界，穿越山梁过顶至坳口下山好走些，且不易错路。

● 山梁草高2米，无水源，夏秋不宜登山。

钻过石洞

行过石廊

牛拜隆瀑布

靛棚村

黑石界望大雾山

都琅界

穿行都琅界

CHUANXING
DULANGJIE

距桂林城38公里的临桂与永福县界山都琅岭之都琅界，位于永福的龙江乡兴隆、苏桥镇盘洞及临桂两江乡山口村交界处，海拔604米。永福县志称，此界古时为兵家必争之地。据旧志记载：唐代黄巢起义，率兵至此曾与官兵大战半月；宋代征讨农智高，杨八姐带兵至此，在界顶打井取泉，留下"杨井天泉"；明代多次围剿韦朝威、韦银狗父子起义，在此屡遭埋伏而失败。抗日战争，在此曾打过阻击日军之战。

都琅界下为林，顶为草山。此山虽不高，却莽莽苍苍颇具气势。都琅界坳口古时曾建庙宇，现已废。沿古道登山，连绵草山隔谷相望，登高一呼，千谷回荡，万山争鸣！

【路线设计】兴隆→小河口→界底→都琅界→松树底→山口班车路口。

【线路描述】两县界山，草山不高却颇具气势，古时为兵家必争之地，坳口见古庙遗迹。

【徒步里程】14公里。
【风景指数】★★★
【强度级别】★★★

都琅界
线路图

松树底   ●山口
徒桂林→

兴隆●

都琅界顶
604 ★

坳口古庙 ★

水库

界底 ●

长江 ●

小河口 ●

20130314

★ 景名   徒步线路   山峰
● 地名   车道   6 徒步里程
▲ 营地   铁路   车道里程
■ 断桥   水坝   一车道去向

都琅界顶

登山路口

一路风光

古庙废墟

穿越下山

【出行方案】

桂林琴潭汽车站乘桂林开龙江、百寿方向班车至兴隆村（58公里）······左过公路桥，顺河道下行至小河口村（此路段2.5公里）······桥前岔路左行（不过桥），顺车道行1.5公里过桥左至长江村，穿村而过，行水泥小道300米至界底村头小桥（溪水来自都琅界），过桥村屋前右小道登山（此路段2公里）······上至古石阶路，行于峡谷左侧，来至山脊遇岔路，右走山腰路（离开山脊），仍沿山谷左侧石路上行，将近都郎界坳口时，左转"之"字形路上行，过水流行10米直上坳口至古庙废墟，继续左上行至山顶（此路段2.5公里）······穿顶而过顺路至对面山顶，沿山脊下行至坳，右走过坳下至车道，顺车道行至水库大坝（此路段4公里）······继续下行过松树底村，顺车道行过山口村，继续行至班车路口（此路段3公里）······搭乘过路班车返桂林（36公里）。

【友情赠言】

●桂林乘永福班车至县城，转乘百寿方向班车可不走兴隆直达小河口，但车程较远。

●行出至山口班车路口后，右走1公里可至信果村李宗仁故居。

西登山

XIDENGSHAN HUANYOU

西登山环游

《永福县志》(1996) 称：西登山在苏桥镇石门村境内，距村公所驻地3公里。山上竹荣林茂，远望黛色苍苍，秀丽多姿。山上古迹有龙口庵和龙口井。龙口庵在西南山腰，原由永福、临桂、义宁、永宁、龙胜、阳朔、融县七县集资修建。庙宇三进五座，规模宏大。龙口井在庵内大殿前，井水清澈甘美，四季不涸不盈。该山古今都是人们游览圣地。

西登山又名西登岭、西登塌，海拔649.2米。西登山有清泉数泓，除寺内龙口泉外，寺庙西北约100米处另有一含珠泉，取龙口含珠之意，寺左峭壁悬崖下有桂花泉，以崖顶桂花树得名，寺前祈年台下又有龙涎泉。

自明代宣德年间（1426-1435年）以来，龙口庵历经五次增补、重修，清嘉庆年间又建西登寺。寺庙规模宏大，香火兴旺。每至农历二月十九、六月十九、九月十九日，远近香客汇集而来，朝山进香，执勺取水，祈福消灾。

清代女诗人韦懿贞登此山作诗《游西登山》："层峦耸翠石清华，飞鹜长空落彩霞。幽境萦回千仞秀，禅门红拥遍桃花。"

【路线设计】西登山路口→榕树→漫冲水

西登山
线路图

库→西登山→柴江→榕树→班车路口。

【线路描述】此山多泉眼，山顶有古庙，登顶后环游下山。

【徒步里程】13公里。

【风景指数】★★★

【强度级别】★★☆

【出行方案】

桂林琴潭汽车站乘永福班车过石门村至西登山路口下（48公里）……右走水泥车道，遇岔路依漫冲水库路碑右行于田间水泥路，过小桥后右走榕树（或左走新村），村口左走穿插至水泥车道，右行过漫冲水库（此路段3公里）……一路前行登山至西登寺（此路段3公里）……寺左侧上行，遇岔路左行百米至含珠泉，返回继续上行，遇岔路右上走登顶西登山，下顶岔路右走，遇岔路直行过坳，下竹林，过竹林后缓坡平走，行于山之左侧山坡，过水流，山坡尽头右转下山至溪（见水坝。此路段2公里）……顺流右行车道过柴江村，遇岔路左行车道（或右过桥），一路行车道过榕树村，返至原小桥岔路口，过桥顺来时路返班车道口（此路段5公里）……搭乘班车返桂林。

【友情赠言】

●登山路陡，小心攀爬。

班车路口

登山行小道

西登寺

穿越登山道

寺内龙口泉

登云山

环走登云山

HUANZOU DENGYUNSHAN

桂林西南53公里处的登云山，为永福县境第二高山。此山顶为石峰，顶下林木葱茏。登云山因常年云雾缭绕充满神秘而得名。

《永福县志》载：登云山位于永福县城西面，距县城12公里，为天平山支脉大崇山主峰，海拔1253米，原为永宁州和永福县交界山。山顶重峦叠嶂，高耸入云。金秋登高，可远眺桂林。山腰林木葱茏，常年云雾缭绕。东南山腰，清顺治年间建登云寺，明觉禅师曾在寺中修炼，今遗址上还有石墙、石臼、石碑多处。寺下有一石洞，水从洞中直泻而出，飞落山脚，远眺犹如白练，古称"银洞流清"，为永福八景之一。该山山高谷深，幽静无比，冬天未冷先寒，从古至今，这里都是人们游览胜地。

登山起点海拔993米的石城界，明代弘治、嘉靖年间曾立城堡，以阻挡古田义军攻永福，为明代古战场。

【路线设计】石城界→镜子岩→茅屋→登云山→登云寺遗址→茅屋→石城界。

【线路描述】永福县第2高山，古有登云寺，顶为石峰，因常年云雾缭绕而得名。

【徒步里程】第1天8公里，第2天15公里。

【风景指数】★★★★

【强度级别】★★★★

登云山
线路图

【出行方案】

第1天（由桂林乘车至石城界，徒步至茅屋扎营）在桂林琴潭汽车站乘永福班车至永福县城（54公里），包乘微旅车至石城界（12公里）……穿村而过左上行，沿山腰路顺山而转（左谷右山），坡度不大，过"玉兔守山"（状如兔子之石峰面对石山。此路段6公里）……前行过坳，再行百米至镜子岩（路右巨石，下方光滑如镜面），再行1公里岔路右走，竹林间岔路左过水流至茅屋（此路段2公里）……安营扎寨。

第2天（轻装登顶登云山，穿越至登云古寺遗址，环走返营地，原路下山返石城界，乘车返桂林）从茅屋背林中小道上行登山，穿过丛林至山脊，直奔前方高峰，钻出棕叶林左走由凹处（见墓）攀至登云山石顶（此路段2公里）……下顶后左走（西北方）顺石山脊行，至草山登云古寺遗址（此路段2公里）……前行向下至坳口，右下坳（见水流），岔路右走，平走山腰路1公里，顺路下行后右走，一路平走至水流（见石垒墙。此路段2公里）……继续前行上至坳，过坳下竹林返至茅屋营地（此路段1公里）……原路下山返石城界，乘包车返永福、返桂林。

【友情赠言】

●此线路春夏季山道蒙蒙、草高没路，不宜出行。

●登顶行过登云古寺后，亦可经牛颈界、独洲由凤凰出。

玉兔守山

半山茅屋营地

登云山之巅

登山起点石城界

古登云寺遗址

盘皇殿北望

海洋山山脉

　　分布在灌阳与全州、兴安、灵川三县交界线上的都庞岭海洋山系的海洋山山脉是桂林6大山脉之一，长约52公里。该脉山从全州侵入灌阳，经新圩、红旗、新街、西山、观音阁、洞井后延伸至恭城。海洋山山脉地质结构复杂，主要由加里东期花岗岩和古生代砂页岩、灰岩组成，山体雄伟，山势险要，山顶多灌木野草。

　　海洋山山脉由许多山峰组成，大致南北走向，其主要山峰从北到南依次为宝盖山、雷王殿、金凤岭、轿顶山、香炉石、盘皇殿。主峰宝盖山海拔1935.8米，山顶有大片平坦草地。盘皇殿海拔1748.2米，山为土石结构，上半山是草山，半山以下为杂木林。春时，金凤岭至轿顶山山梁杜鹃花开如海，满山红遍，美不胜收，是驴友春季户外赏花的黄金线路！

　　海洋山山脉山峰相连，山脊或辽远开阔，或窄如鱼背。山顶多野草灌木，可一路穿越。

宝盖山

穿行宝盖山

CHUANXING BAOGAISHAN

宝盖山日出

海洋山山脉最高峰宝盖山（宝界山）距桂林76公里，海拔高度1935.8米，长约3公里，是灌阳、全州两县界山。

宝盖山顶为草山，多圆滑巨石，最著名的是宝盖石。一路行防火道，可直达峰顶。

近年，宝盖山已修建风电基地，汽车可由全州桐木江或灌阳马头村方向开至顶峰下"4#"风车，登顶仅需半小时。

【路线设计】大源村→桐木江→分水坳→宝盖山→兵山（崩山）→蕉江村。

【线路描述】宝盖山系海洋山山脉最高峰，顶为草山，上山行车道，登顶行防火道，顶有著名景观宝盖石。

【徒步里程】第1天10公里，第2天10公里。

【风景指数】★★★★☆

【强度级别】★★★★

【出行方案】

第1天（由桂林乘车至大源，徒步登山扎营宝盖山顶）由桂林桂北客运站乘蕉江（万板桥）班车至蕉江乡（124公里），搭乘班车或包车至大源村公所（16公里）……遇岔路走左，沿车道上行3公里过桐木江，岔路左走，继续行车道一路上行至分水坳风电工地工棚（此路段5公里）……岔路左上行，过野人湖，凡遇岔路走左（"4#"风车方向），前方可见宝盖山顶时，遇岔路下走，来至"4#"风车平台，安营扎寨（水源在右下侧带状林间溪流中。此路段5公里）。

第2天（登顶宝盖山，穿越下山经崩山至蕉江，乘车出安和返桂林）风车平台前沿小道上行，左侧见宝盖石时，沿路左走约百米至宝盖

恐龙蛋景区

石，继续沿路上行登顶山包，至山包后下行过坳，上行登至宝盖山之巅（此路段1公里）……向前穿越下顶，行数十米过小坳登小山包，顺左侧山脊一路下走（不离山脊），沿路下行约2公里经开阔草山至一小坪，右侧树丛边见下行小道（留心观察），行此小道下走入树林，至矿屋见水流，沿水流行至崩山村（此路段5公里）……右行水渠行过村寨田地，接行小道平走过电站前渠，下行至车道，沿车道一路下至蕉江村公所（此路段4公里）……搭（包）村车出磨盘水库至安和乡（26公里），乘班车返桂林（114公里）。

【友情赠言】

●因风电工地岔路较多，雨雾天气不可登山，以免迷失方向。

●穿越下山到达蕉江村公所后，为搭乘班车方便，亦可包车35公里直出麻市。

●穿越宝盖山由全州蕉江往灌阳马头可参考本丛书《徒步桂林10大经典特色线路》"桂林户外10大名山"之"宝盖山"篇。

宝盖石

4#风车营地

穿越下山之路

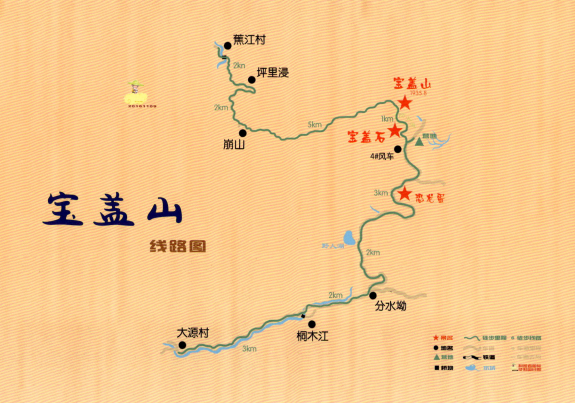

宝盖山

线路图

雷王殿

雷王殿穿越

LEIWANGDIAN CHUANYUE

大花山登山小道

海洋山山脉高峰雷王殿位于桂林东北74公里，地处全州县蕉江瑶族乡大源村与灌阳县灌阳镇翻身村、鱼塘村，西山瑶族乡大坪村之间，GPS实测海拔1786米，因山顶雷电频繁故得此名。雷王殿山顶呈东西长条状，山南侧为草，北为林，宝盖山在其北，与之遥遥相望，直线距离5公里，三县界在其西南，相距4公里。

雷王殿峰巅之东南开阔平坦，水源处处，山顶之上现立有铁塔风车。

登顶可由东北的马头、东南的大花山、老山、正江岭及西侧的桐木江为起点。此处推出的线路是由灌阳方向的大花山登顶，穿越至灌阳翻身村出。

【路线设计】白水口→大花山→雷王殿→分水坳→马头→翻身村。

【线路描述】海洋山山脉著名高山，因多

雷电而得名，全州、灌阳两县界山，山上平坦开阔，水源处处。

【徒步里程】第1天9公里，第2天9公里。

【风景指数】★★★★

【强度级别】★★★★

【出行方案】

第1天（从桂林乘车至白水口，登至雷王殿下露营）在桂林桂北客运站乘灌阳班车至灌阳县汽车站（143公里），转乘鱼塘班车至白水口村（15公里）……岔路右进，过桥直上小道穿插车道，顺路右转过瀑布下小桥，沿此道一路行走在溪谷之右，经上湾、四角箐，顺车道穿大花山村而过，至弯道溪桥前岔路（此路段4公里）……岔路右平走，过白屋背沿溪而行于溪谷之右，路蒙时直行不离主溪谷，至山脊岔路

雷王殿营地

口（此路段3公里）……岔路口右走大路，再遇岔路走左，平走前行过5道水流，来至第六道水（右为雷王殿），安营扎寨（此路段2公里）。

第2天（登顶雷王殿，穿越下山经分水坳、马头村至翻身村公所，乘车返桂林）右上山坡，顺山脊路登顶雷王殿（此路段1公里）……至顶后左走向西，过矮竹林顺山脊而下，至草山岔路右走下行，顺路沿山脊直下分水坳前（此路段3公里）……右下行小道上车道，行4公里过马头村，再行5公里至翻身村公所（此路段9公里）……乘班车至灌阳（16公里），由汽车站转乘班车返桂林（159公里）。

【友情赠言】
●由大花山登山一路顺水流而上至山脊，登雷王殿顶后，由顶行左侧山脊下至分水坳。

●到达山脊公路亦可沿公路登顶穿越，但远不少。
●由桐木江及马头方向汽车可直达山顶。
●雷雨季节不宜登顶此山。

雷王殿

登顶雷王殿

分水坳

雷王殿
线路图

环穿三县界

HUANCHUAN SANXIANJIE

三县界

江头山村

【徒步里程】第1天5公里，第2天9公里。

【风景指数】★★★★

【强度级别】★★★☆

【出行方案】

第1天（由桂林出发乘车至协兴村，徒步至江头山扎营）由桂林桂北客运站乘兴安班车至兴安（61公里），转乘漠川班车至保和（27公里），包车或搭车至协兴村（15公里）……继续顺车道上行，行百米遇岔路左平走，沿协兴河而上，遇岔路行正道不离溪，至江头山村（最后一个村子。此路段5公里）……安营扎寨。

第2天（轻装登顶三县界，穿越下山返江头山，原路返协兴村，乘车返桂林）背上食物饮水沿河流而上行，遇岔路左上行（不过水流），再遇岔路行右，行约500米过水流右上后，行

位于桂林东北70公里处的海洋山山脉高峰三县界，是全州、灌阳、兴安三县的界山，因故得名。三县界草山顶GPS实测海拔1578米，可见1999年国务院立界碑，登顶可由全州大源岔江口、灌阳大坪正江岭、兴安协兴江头山三个方向而上，山坳有三县村民来往的通道。

登此山，可俯瞰全州、灌阳、兴安三县村寨、梯田，可远眺海洋山山脉名山宝盖山、雷王殿、金凤岭、轿顶山、黑雨灵王。

此三县界山梁遍生杜鹃，春季杜鹃盛开，是驴友登山赏花的时节。

【路线设计】协兴→江头山→冲天槽→三县界→江头山→协兴。

【线路描述】海洋山山脉高峰，全州、灌阳、兴安三县的界山，可俯瞰全州、灌阳、兴安三县村寨梯田，山顶遍生杜鹃花。

登顶三县界

10米遇岔路左走（关键路口），再遇岔路再走左，至冲天槽坳口（此路段1公里）……岔路左上（直下往灌阳县境），顺路前行至坳，穿过杉树林登顶左侧山包，见三县界碑（此路段500米）……前行穿越下顶，顺路右走，行草山山脊路（路朦不离山脊），穿过金竹林，至坳口（此路段1公里）……岔路左下（右下往全州县境），顺路顺水而行，返江头山村，原路行车道返协兴村（此路段6公里）……乘包车返保和路口，乘班车返兴安，转乘班车返桂林。

【友情赠言】

●自驾可由桂林直达协兴村或江头山村，当天往返桂林。

●雨雾天气不可登山，以免迷失方向。

●行此线路可参考本章"登顶金凤岭"篇，亦可同登金凤岭。

三县界杜鹃花

三县界碑

全州大源

三县界
线路图

金凤岭

登顶金凤岭

DENGDING JINFENGLING

协兴村

海洋山山脉著名高山金凤岭，位于桂林东北69公里处，是全州大源与兴安协兴的界山，海拔1628米。金凤岭山梁为草山，山顶为杜鹃花丛，山坳口有两县村民来往的通道。

金凤岭分南北两峰，南峰略高。南峰半草半灌木，北峰只有杜鹃丛林。登顶可先登南峰，而后登北峰。

此山与三县界山梁相通。立于顶，可远眺海洋山山脉诸多名山，东望三县界，东北望宝盖山、雷王殿，西南望轿顶山、黑雨灵王。

此山遍生杜鹃，春季杜鹃盛开，是驴友登山赏花的时节。

【路线设计】协兴村→江头山→坳口→金凤岭→坳口→江头山→协兴村。

【线路描述】海洋山山脉著名山峰，登顶可远眺海洋山山脉诸多名山，山顶为杜鹃花丛

林。

【徒步里程】第1天5公里，第2天9公里。

【风景指数】★★★★

【强度级别】★★★☆

【出行方案】

第1天（由桂林出发乘车至协兴村，徒步至江头山扎营） 由桂林桂北客运站乘兴安班车至兴安（61公里），转乘漠川班车至保和（27公里），包车或搭车至协兴村（15公里）……继续顺车道上行，行百米遇岔路左路直行，沿协兴河而上，遇岔路行正道不离河，至江头山村（最后一个村子。此路段5公里）……择地安营扎寨。

第2天（登顶金凤岭，下山返江头山，原路返协兴村，乘车返桂林） 带上食物饮水轻装而

金凤岭之巅

行，由溪左最后木屋侧左小道上行，遇岔路直行正道，沿溪流上行至坳口（此路段1公里）……岔路左走（不下坳），顺草山脊上行，沿草山小径直达金凤岭双峰下（此路段1公里）……离开小径，由山包左侧无灌木丛处登顶南峰，右下凹口，顺路登北峰（此路段100米）……下顶，原路返坳口、返江头山、返协兴村（此路段7公里）……乘包车返保和路口，乘班车返兴安，转乘班车返桂林。

【友情赠言】

● 自驾可由桂林直达协兴村或江头山村作一天游。

● 登顶返坳口亦可穿越由全州大源出，但返桂林车程要远不少。

● 出行此线路可参考本章"环游三县界"篇，亦可同登三县界。

金凤岭顶的杜鹃

眺望宝盖山雷王殿

眺望轿顶山黑雨灵王

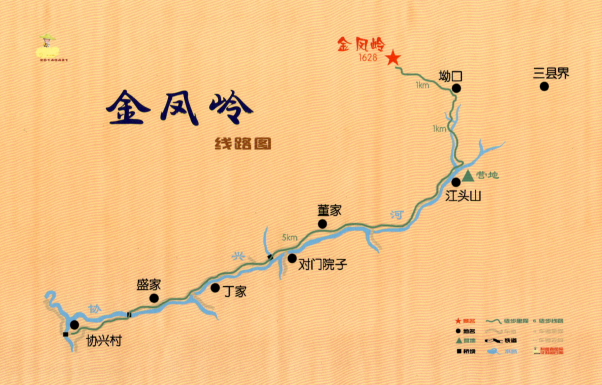

金凤岭
线路图

轿顶山

穿越轿顶山

CHUANYUE JIAODINGSHAN

到达老泵井

海拔1651米的轿顶山，位于桂林东北兴安县漠川乡与灌阳县西山乡交界处，是兴安与灌阳两县的界山，距桂林66公里。

海洋山山脉主要山峰轿顶山，处于三县界与香炉石两峰之间，因远望其顶形如轿顶而得名。轿顶山顶为石崖双峰，北峰略高，南北两峰间隔仅1米。登顶须攀岩而上。

顺山脉行，轿顶山北可穿越至三县界，南可穿越至香炉石，登顶可走漠川乡协兴村老泵井、西山乡北江村川岩，以老泵井最为便利。

【路线设计】西山→茶湾→老泵井→轿顶山→老泵井→协兴。

【线路描述】轿顶山为海洋山山脉著名高山，山顶形如轿顶，石崖双峰。

【徒步里程】第1天16公里，第2天12公里。

【风景指数】★★★★

【强度级别】★★★★

【出行方案】

第1天（从桂林乘车至西山乡，徒步经茶湾过坳至老泵井）由桂林汽车总站（或三里店加油站）乘灌阳班车（洞大线）至黄关镇下（118公里），转乘开西山乡班车至西山乡（11公里）……继续前行穿街而过，出街行1公里遇岔路左行（行于溪右），再行1公里左走过桥至下江口，一路行于峡谷溪流之右（遇岔路直行大路），再行3公里岔路右走（不过拱桥），至盐塘村委（此路段5公里）……出村岔路左行，行不足百米小道右上穿插至上方车道，一路行车道顺溪流而上，过灵地、塘田，至茶湾小卖店（此路段6公里）……过小卖店岔路直行至车道尽头，屋前左上石阶至水田，过水田遇岔路左平走过溪流，上行田间路将遇岔路3条，均右上行大路，至茶湾坳（此路段2公里）……过坳下

走向轿顶山

至老泵井村，安营扎寨（右前方山峰为轿顶山。此路段3公里）

第2天（登顶轿顶山后返老泵井，徒步至协兴村包车出保和路口，乘班车返桂林）轻装上行出村，顺道至轿顶山脚白色平房，过此房前行至竹林，岔路左上行，登至草山脊通讯塔（此路段2公里）……顺山脊路右上至南峰顶，过顶右下行，行数十米见左下小道，下行数米顺崖左走，绕至两峰间小三角地，上攀至北峰（此路段1公里）……原路返老泵井，背上重装顺车道沿溪流而行，行1公里至漆树坪村岔路右行，一路顺溪谷而下直达协兴村委（此路段6公里）……乘包车返保和路口（15公里），乘班车返兴安（27公里）、返桂林（61公里）。

【友情赠言】

●西山乡至盐塘村委5公里亦可包车前往。

●西山至茶湾一路村间车道岔路较多，宜多向村民问路。

●老泵井村因有数泉涌（泵）出故得名。旁有小泵井村。

●轿顶山顶路蒙且须攀岩，当十分小心。

●协兴村协兴河分上下两岔溪。左走江头山为上岔，右走老泵井为下岔。

望见轿顶山

双峰轿顶山

登顶北峰

轿顶山 线路图

香炉石穿越

香炉石－银厂界营地

香炉石穿越

XIANGLUSHI CHUANYUE

香炉石山梁

《桂林漓江志》《兴安县志》载：香炉石位于漠川乡保林村与灌阳县交界处，海拔1674米。山顶有石头出露，山腰以下坡度较平，为杂木林。《灌阳县志》称：香炉石位于西山瑶族乡盐塘村，与盘皇殿相连，因山头有似香炉的大石而得名。顶峰是灌木野草且有两块平地，古时有人在此建过房屋，其四周悬崖峭壁，只有两条小路通顶。

香炉石是兴安与灌阳两县的界山，距桂林62公里，山顶为平缓草山，现立有测风塔。此山北有崇箐界，南有银厂界，均为兴安与灌阳的通道，登顶可由兴安漠川乡的保林村、灌阳西山乡的盐塘村和茶源村上山。

登至山顶，北望轿顶山、黑雨灵王，南望盘皇殿，群峰历历在目。

【路线设计】西山乡→茶源村→荒田凹→银厂界→香炉石→江尾→盐塘→下江口→西山乡。

【线路描述】海洋山山脉主要山峰，兴安与灌阳两县界山，山顶为平缓草山，现立有测风塔，登顶可极目群山。

【徒步里程】第1天13公里，第2天16公里。

【风景指数】★★★★

【强度级别】★★★★

【出行方案】

第1天（由桂林乘车至西山乡，徒步登至银厂界坳口营地）在桂林汽车总站（或三里店大圆盘人民银行前）乘灌阳（洞大线）班车至黄关镇（118公里），转乘西山班车至西山乡（12公里）……乡政府前岔路左走过桥，前行过西山中学，遇岔路直行大路，至茶源村委（此路段6公里）……右过桥，行车道沿溪流而上，过李湾江，至荒田凹（此路段3公里）……沿小路继

香炉石之巅

续上行，遇岔路上行大路，至银厂界（此路段4公里）……安营扎寨（水源在过界下坳200米，顺路行至竹林间）

第2天（登顶香炉石，穿越下山出江尾，徒步返西山乡，乘车返黄关、返桂林）顺路右上山坡，行草山经测风塔登至香炉石顶（此路段1公里）……由石顶返测风塔前草山窝，顺路右下车道，右行车道至坳，顺车道下至江尾（此路段4公里）……下行车道顺流而行，过塘田、灵地，至盐塘离车道右下小道穿插返车道，至下江口岔路右走，行至西山乡（此路段11公里）……乘班车返黄关镇，转乘班车返桂林（或换乘灌阳班车至灌阳19公里，转乘班车返桂林159公里）。

【友情赠言】
● 桂林乘车往黄关时，记下班车时刻及司机电话，以便返程联系乘车。
● 穿越下山如时间紧，可包乘村车返西山或黄关。

此处曾建过房屋

远眺盘皇殿

走下江尾

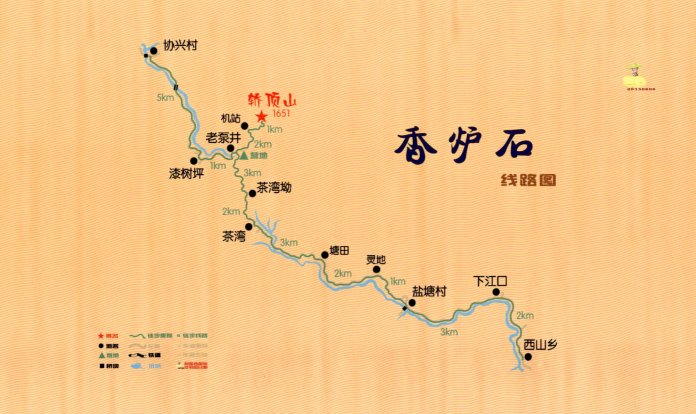
香炉石
线路图

盘皇殿

盘皇殿穿越

PANHUANGDIAN CHUANYUE

由自田口登山

海拔高度1748米的盘皇殿，是海洋山山脉的著名高山，由此山延伸分为南、北两支。

盘皇殿距桂林62公里，东为灌阳县西山乡，南为观音阁乡，西为兴安县漠川乡，它是兴安与灌阳两县的界山。有《桂林漓江志》《兴安县志》称：盘皇殿山为土石结构，半山以下为杂木林，上半山是草山，山顶平坦，可降落直升飞机。《灌阳县志》载：盘皇殿峰顶灌木野草丛生，并有三块平地。山腰是高大乔木林，山脚则为枯木、古树。山头风大雾多，冬季冰天雪地可持续到次年清明节前后。从山顶眺望，目及县内黄关、西山、观音阁、洞井和兴安县漠川等地。

盘皇殿雄伟挺拔、陡峭险峻。北行可一路顺山梁穿越至海洋山山脉最高峰宝盖山。

【路线设计】西山乡→陶家桥→茶源→自田口→竹坪→竹筒岐→盘皇殿→孟公坳→太祖山→盘江村→观音阁乡。

【线路描述】盘皇殿系海洋山山脉著名高山，山脉由此分支，兴安、灌阳两县界山，山顶为陡峭险峻的草山。

【徒步里程】第1天10公里，第2天23公里。

【风景指数】★★★★

【强度级别】★★★★

【出行方案】

第1天（从桂林乘车至西山乡，徒步登至顶下营地）由桂林汽车总站（或三里店大圆盘）乘灌阳（洞大线）班车至黄关镇（118公里），转乘西山班车至西山乡（12公里）……乡政府前岔路左走过桥，前行过西山中学，遇岔路直行大路，行6公里至茶源村委，直行遇岔路行左（不过右边桥），行过白岩岐至自田口，左过桥（此路段7公里）……岔路左上行登山小道，遇

营地与盘皇殿

岔路直行，至山腰岔路（见小水渠，关键岔路），右沿水渠平走，行1公里至溪谷，过溪顺小道上行。行500米左过溪是竹坪（此路段2公里）……顺路穿过竹林，遇岔路左上行大路，过水泥小水渠，至山脊草坪（海拔1260米），安营扎寨（右上方高峰为盘皇殿。水源在左侧百米处溪沟。此路段1公里）。

第2天（登顶盘皇殿，经孟公坳下太祖山，出观音阁乡）顺山坡而上，至山脊右行，穿过竹林（竹筒岐），右走至坳口，上行山包，下山包攀最高峰（山峰陡峭，小心攀爬），至盘皇殿主峰（此路段2公里）……返山包坳口，岔路右走，顺山脊下至孟公坳，岔路左下（右走兴安漠川），行山腰路（峡谷在右）下至山脚正冲沟，过水流右走，至太祖山村（此路段4公里）……沿车道下行，过杉树岭、盘家村委，再行13公里车道沿盘江（行于江左）出自振村，前行过桥至观音阁乡（此路段17公里）……搭乘班车返桂林（97公里。或搭乘班车至灌阳28公里，转乘班车返桂林159公里）。

【友情赠言】

●登顶下至孟公坳，亦可右路下，一路顺黄竹源溪谷行，经保林出至漠川（18公里）。

●盘江村出观音阁亦可联系村车乘车出。

盘皇殿之巅

孟公坳与盘皇殿

盘皇殿北眺海洋山脉

盘皇殿
线路图

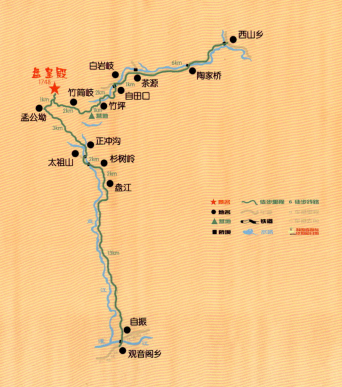

摩天岭—棋盘石

海洋山支脉

　　海洋山山脉由主峰宝盖山延伸分为两支，向南延伸形成余脉，成为海洋河的水源山，向西分岔延伸形成支脉。海洋山支脉自全州凤凰州乡东南部的山集界延伸到摩天岭、东山，直达桂林城东面北尧山。该山脉长约76公里，走向呈东北—西南45度。

　　海洋山支脉由东北向西南延绵起伏逐渐升高，户外著名高山自北而南有天子岭、狮子岩、状元峰、摩天岭、棋盘石（仙人下棋）、东山。最高峰当数摩天岭与东山之间的棋盘石，海拔1374米。天子岭雄奇伟岸，奇在石峰耸立优美造型。摩天岭辽远壮阔，美在连绵草岭起伏如涛。尧山独立于桂林城东北，已收入"桂林城市山峰"章节。

天子岭

穿行天子岭

穿行天子岭 10

海洋山山脉支脉上的天子岭，位于全州凤凰乡与安和乡之间，南北走向，海拔980米。距桂林78公里。

天子岭山势险峻，绝崖横生，遍布奇峦妙石，主打景观有天子石、龙头石、莲花石、天宫殿等。

这是一座充满传奇故事的山峦。相传古代有风水先生师徒俩寻找宝地，师傅遁土码龙脉后，徒弟独自行数月至此山，感觉风水不错却又拿不准，便想如师傅能于此地出现，便是风水宝地无疑。徒弟便取了铜钱置于地，果然师傅头顶铜钱从土中钻出。师傅言道："此处山能藏风，水能聚气，左都庞岭，右越城岭，巨峰交合。近处西有湘水，东有建江，左有黄龙潭，右有白虎岭，大小群山皆面西而朝东，此乃君临天下之佳兆。再看，左右有披甲执锐之卫士，山门外旗鼓罗列，左有老君（山）讲道，右有观音（观音岭）坐禅，此乃聚天地之精气，阴阳之交媾，世之佳城，非此莫属。"又道："南边来龙八百里，龙尾撩在柳山尾。葬在龙头出天子，葬在龙尾出状元。如在"龙头"插竹，第二日必生笋；置蛋，第二日可孵。"恰有放牛郎闻之，悄然插竹置蛋，第二日果然竹笋破土而出，宛如龙角，鸡雏依笋而立，恰似凤雏。

秦始皇闻后，恐有人夺其位，命谋士前来探察。谋士以宝镜观此山，果有出天子迹象，便将开挖灵渠、运河之兵将调来。秦兵将龙脉掘开，第二日又合拢，挖一月均如此。谋士夜入山岭，闻得土地与山神私聊："日里千人挖，夜里万人垒，不怕千军万马，就怕铜油铁水。"谋士第二日便命抬来桐油与熔炉，把桐油淋于龙脉，将铁水封锁龙头。此后风水依旧，龙脉尽绝。

天子岭日出

天子岭观景台

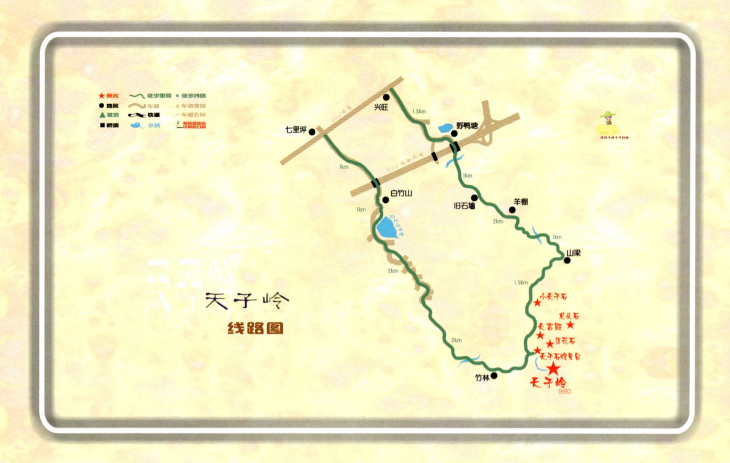

天子岭
线路图

兴旺
野鸭塘
七里坪
白竹山
旧石墙
羊棚
山梁
小天子石
龙头石
天宫殿
莲花石
天子石观景台
竹林
天子岭 980

1.5km
1km
1km
1km
2km
2km
2km
1.5km
1km
1.5km

20161108

龙头石

天宫殿

【路线设计】兴旺村→野鸭塘→天子岭→白竹山→七里坪。

【线路描述】此山风水绝佳，遍布奇峦妙石，充满传奇故事。

【徒步里程】12公里。

【风景指数】★★★★☆

【强度级别】★★★☆

【出行方案】

由桂林桂北客运站乘灌阳班车至兴旺村（98公里）……过村岔路右走，行700米遇岔路走右，再遇岔路左走过野鸭塘村，过高速路涵洞（此路段1.5公里）……遇岔路直走，过水流上山坡，遇岔路行大路直上山脊，行山脊路过石垒墙（此路段1公里）……行400米至羊棚，继续上行，遇岔路左上草山，至水流（此路段2公里）……过水流上行30米，岔路右上草坡（关键路口），一路上行至山梁（此路段1公里）……右走山梁，一路翻越山头至天子岭观景台（右下为小山窝。此路段1.5公里）……继续前行至坳，过坳顺路下山，遇岔路走下不走上，走大不走小，过竹林、水流右拐平走，遇岔路直行向下，至车道（此路段2公里）……下行车道（岔路较多，遇岔路下行足迹重的路。行1公里有直下小道可穿插），下至白竹山水库，右走过坝，下坝返车道，右走入村，至老井左走出村，行过高速路涵洞（此路段3公里）……继续前行车道，至七里坪路口303省道（此路段1公里）……搭乘过路班车返桂林（97公里）。

【友情赠言】

●此线路反走岔路较多，不易辨别。

●计算好行走时间，以免下山错过返程班车。

FANYUE SHIZIYAN

狮子岩

翻越狮子岩

位于天子岭东南3公里处的狮子岩，GPS实测海拔1018米，距离桂林75公里，为全州县凤凰、安和与兴安界首的界山。狮子岩为草山，东北-西南走向，西侧坡度相对平缓，东部为陡峭石崖。因山岩形若雄狮而得名。

狮子岩与天子岭一脉相连，山景大致类同，山峦石崖多造型奇特。形象生动之奇峦妙石，观后令人赏心悦目、神情振奋。登顶可俯瞰凤凰、界首乡村风光及远眺海洋山山脉主峰宝盖山雄姿。

登山由北向南翻越，起于凤凰乡白竹山村，终点为安和乡牛角塘村。

【路线设计】七里坪路口→白竹山→姜地→挂耙山→狮子岩→六源里→牛角塘路口。

【线路描述】狮子岩为草山，与天子岭一脉相连，山峦石崖多造型奇特，形象生动之奇峦妙石。

【徒步里程】第1天5公里，第2天8公里。

【风景指数】★★★★

【强度级别】★★★★

【出行方案】

第1天（由桂林乘车至七里坪村路口，徒步登山至挂耙山姜地扎营）由桂林桂北客运站乘灌阳班车至七里坪村路口（97公里）……十字路口右拐直行，过高速路涵洞，至白竹山村（此路段1公里）……顺车道入村，村中遇老井岔路右拐，直行

挂耙山姜地

行走狮子岩

狮子岩
线路图

七里坪
1km
白竹山
1km
水库
2km
天子岭
2km
姜地
营地
挂耙山
1km
★ 狮子岩
1018
1km
过山坳口
3km
六源里
大浸里
狮子头水库
3km
牛角塘
安和乡

景名 徒步里程 6 徒步线路
地名 车道 1 车道里程 车道去向
营地 铁道
桥坝 水库

20161108

狮子岩风光

翻越石山包

至水库坝下，左上过坝行车道上山（此路段1公里）……凡遇岔路走正道，按人迹重的路走上不走下、走高不走低，至车道尽头（此路段2公里）……接行小道，凡遇岔路直行不拐、走上不走下，出树林行于山腰，左侧可见天子岭，过水流继续上行，遇岔路走上不走下，走右不走左，至姜地草屋，安营扎寨（水源在屋右。此路段1公里）。

第2天（由营地登山梁，穿越下山至六源里，步出至牛角塘路口）由营地南（右）行，沿路登左侧山梁，至挂耙山顶，顺山梁右行，遇岔山脊左走，下行至狮子岩山梁（此路段1公里）……一路南行，顺山梁防火道下至过山坳口底（此路段1公里）……岔路左行下山，平走山腰转左，过厚朴地，一路下行至山脚，遇岔路右走，至六源里村头水池，岔路直下，穿村而过至车道（此路段3公里）……顺车道左走，出安和乡牛角塘路口（此路段3公里）……搭乘班车返桂林（114公里）。

【友情赠言】

●掌握时间，以免错过班车时刻。

●穿越下至六源里后，可搭乘村间三马车出牛角塘班车路口。全终点牛角塘后，亦可乘车至麻市（9公里），再转乘班车返桂林（105公里）。

●此线路亦可轻装1天完成。

状元峰

登 顶 状 元 峰

海拔966米的状元峰位于兴安镇阳安长冲村，距桂林58公里。

《桂林漓江志》载：状元峰位于漠川河西岸，邻五里峡水库，坐落于湘漓乡邓家村，海拔966米。这里群峰叠起，唯状元峰特别锐耸，状若金字塔，尖如文笔，周围八峰相卫，故古名九星山。宋代刑部侍郎唐则居于山下，父子三人先后中进士，故乡人将此山改名状元峰。

我国古代大旅行家徐霞客丁丑（公元1637年）闰四月初八日入桂林界，经咸水过界首入兴安。《徐霞客游记》记载：二十一日□从庵右逾小山南一里，至长冲，东逼状元峰之麓。翠微之间，山削草合，蛇路伏深莽中。渐转东北三里，直上逾其东北岭坳，望见其东大山层叠，其下溪盘谷嬉，即为麻川；其南层山，当是海阳东渡之脊；其北大山即里山隈角落矣；其西即县治，而西南海阳坪，其处山反藏伏也。坳北峰之下，即入九龙殿之峡。地名峡口，又曰锦霄。从坳南直跻峰顶，其峰甚狭而峭，凡七起伏，其南一里而至状元峰，则亭亭独上矣。自其上西瞰湘源，东瞰麻川，俱在足底；南俯小金峰，北俯锦霄坳岭，俱为儿孙行。但北面九峰相连，而南与小金尚隔二峰，俱峭若中断，不能飞渡，故路由其麓另上耳。闻此山为邓丞相升云处。其人不知何处，想是马殷等僭窃之佐。土人言，其去朝数百里，夜归家而早入朝，皆在此顶。登云山下即其家，至今犹俱邓姓后。

长冲路口候车亭

途经溪流

状元峰 线路图

状元峰

状元峰之巅

【路线设计】阳安候车亭→长冲→状元峰顶→长冲→阳安候车亭。

【线路描述】此山特别锐耸，状若金字塔，徐霞客曾登临此山，峰顶为草山。

【徒步里程】10公里。

【风景指数】★★★。

【强度级别】★★★。

【出行方案】

由桂北客运站乘兴安班车至兴安（61公里）……出站北行约百米，岔路右拐过水街古北门（不入门），继续行500米至湘漓汽车站，乘阳安班车至长冲路口候车亭下（10公里）……岔路水泥车道右进，至长冲村（此路段2公里）……村口岔路直上，村左穿村而过。上山遇岔路右行大路，顺山路横平走。过水流岔路右入林，再遇岔路行左上。过瀑布后一路上行直至山梁坳口（此路段2公里）……坳口岔路左走上行，至状元峰下，扯树攀岩至顶（两根水泥杆处。此路段不足1公里）……原路下山返长冲村、路口候车亭。搭乘班车返兴安湘漓站。返兴安汽车站。乘班车返桂林。

【友情赠言】

●自驾车可直达长冲村。

●穿越下山路较蒙，登顶后宜原路返回。

●此线路岔路较多，登山以请向导为宜。

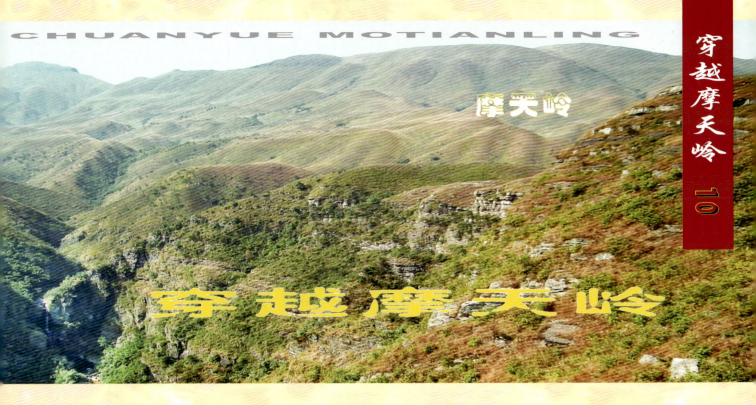

摩天岭

穿越摩天岭

穿越摩天岭
10

摩天岭风车阵

桂林户外10大名山之摩天岭，位于海洋山余脉摩天岭-东山山脉北部，属兴安县兴安、溶江两镇界山。摩天岭长2公里，宽2公里，GPS实测海拔高度1189米。现摩天岭已开发为桂林最大风电基地。

该山东为缓坡，山包一望无际，西为陡崖，峡谷石垒岩立。此山下为杂木林，顶为草山，每年的山火，令野草更加茂盛。盛夏草高没人且多雨雾，登山以春、冬季为宜。

登此山有多条线路，这里介绍的是由西向东的2天重装穿越线路，以溶江镇背头园为徒步起点，上至过山坳口后登顶，下顶扎营大地冲，第2天顺流而下，过杀人寨、识人潭，行出长丘坪。

【路线设计】背头园→银兴矿→过山坳口→摩天岭→大地冲→杀人寨→识人潭→长丘坪。

【线路描述】摩天岭为桂林户外10大名山之一，线路设计重装2天，由西向东穿越。

【徒步里程】第1天8公里，第2天7公里。

【风景指数】★★★★

【强度级别】★★★★

【出行方案】

第1天（桂林出发乘车至背头园，徒步过摩天岭顶，下顶扎营大地冲）由桂北客运站乘兴安班车至溶江路口下（36公里），搭乘山马车至背头园（732库。7公里）……继续前行车道，遇岔路直行，沿溪右车道行至银兴矿部（此路段2公里）……下溪过溪，沿左岔溪右侧小道溯溪而行东槽峡，遇岔溪行右，一路寻路溯溪不离溪谷左右，直达过山坳口草山（此路段2公里）……顺右侧道路登山，遇车道穿过车道上攀，至山脊顺山脊上行，登至山顶

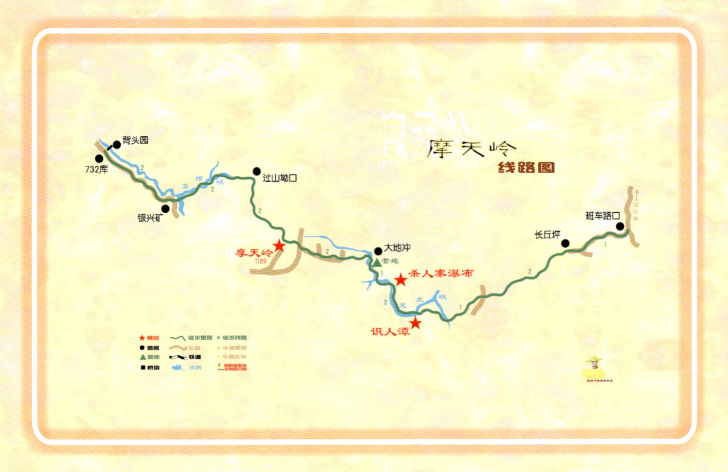

摩天岭
线路图

背头园
732库
银兴矿
过山坳口
东槽峡
摩天岭
1189
大地冲
营地
杀人寨瀑布
识人潭
龙虎峡
长丘坪
班车路口

景名　徒步里程　6徒步线路
地名　车道　9车道里程
营地　铁路　一车道去向
桥坝　水道

20160602

风车塔下（此路段2公里）……向前直接（或行车道）下顶，顺山脊车道东下，行至车道尽头接行小道，沿山脊下至大地冲（左侧溪流拐弯处），安营扎寨（此路段2公里）。

第2天（溯溪杀人寨、识人潭，行出长丘坪）顺流而行不离溪，遇断崖顺右侧凹槽攀岩而下，遇岔溪走左，顺右侧路越水潭至杀人寨瀑布顶（注意安全，不可探视瀑底。此路段1公里）……沿崖右上行后下崖，至杀人寨瀑布水潭，由溪左下岩，顺路下2级瀑布，遇水潭均行溪左，至识人潭（此路段2公里）……过溪，上行小道，岔路左走，过水流，沿此路上行竹林至风电车道，穿过车道依旧行小道，左走上行过坳，顺路下至长丘坪村（此路段3公里）……穿村而过，村头遇岔路左上行，至班车路口（此路段1公里）……搭乘班车至兴安县城（15公里），乘班车返桂林（61公里）。

【友情赠言】

●出行此线路参考本丛书之2《徒步桂林10大经典特色线路》中"摩天岭""穿越龙虎峡""杀人寨瀑布群"篇。

●到达大地冲后，亦可上行山路下至识人潭。

●由杀人寨瀑布顶下崖惊险万端，当万分小心，相互照应，收好相机、手机。

●途经长丘坪路口开兴安末班车17：30。

大地冲营地

杀人寨瀑布

棋盘石

横穿棋盘石

登山起点

老虎口

　　海拔1374米的山峰棋盘石（俗称仙人下棋），位于兴安县溶江、高尚和灵川县灵田三乡镇交界处，距桂林37公里，地处摩天岭与东山之间，摩天岭穿越东山必经之路，是摩天岭-东山山脉最高峰，桂林户外10大亲水溪谷月光洞发源地之一，亦是海洋河的源头之一。

　　棋盘石南北走向，东侧为草山，西侧中部以下为原始林，顶为石岩草坪。山因峰顶可见山石布入棋盘而得名。

　　穿越线路设计以银兴矿为徒步起点，行山脊直上，由西向东横穿下草山至桂林户外10大名瀑黄泥塘瀑布，出长丘坪。因夏季草高没路，穿越以春秋冬为宜。登顶棋盘石，将领略角度全新的摩天岭-东山山脉风光。

　　【路线设计】背头园→银兴矿→老虎口→棋盘石→苦蕨槽→黄泥塘→老皮塘→长丘坪。

　　【线路描述】棋盘石位于摩天岭与东山之间、摩天岭-东山山脉最高峰、石顶草山、月光洞源头之一、可赏桂林户外10大名瀑黄泥塘。

　　【徒步里程】第1天10公里，第2天7公里。

　　【风景指数】★★★★

　　【强度级别】★★★★

　　【出行方案】

　　第1天（从桂林乘车至背头园，徒步登顶棋盘石后，下至苦蕨槽营地）由桂林桂北客运站乘兴安班车至大溶江路口（36公里），搭乘三马车至背头园（七三二库。6公里）……沿车道前行，遇岔路直行入铁门，顺溪流而上，穿过矿区，遇岔路左行于溪右，至车道尽头矿场（此路段4公里）……右上阶梯

登山，过废弃工棚，寻依稀小道上行右走，行数百米至清晰小道，顺此道上行至山脊，行山脊路至草山（此路段2公里）……上行草山，遇陡崖行两侧，至山梁左见老虎口、求雨崖，顺路左上行至山坳，右上登顶（此路段2公里）……返山坳平地，顺路右行百米，顺山脊路左下草山（茅草没路，仔细辨认，下方苦蕨槽营地可见），下两个山包路清晰，行山脊至溪流，沿溪左侧路下行，过溪至苦蕨槽，安营扎寨（此路段2公里）。

第2天（由苦蕨槽营地下行，经黄泥塘、老皮塘出长丘坪）顺溪流而下，遇岔路行左（不离溪亦不过溪），遇横向岔路（下为黄泥塘）左行，行百米拐弯后右下溪谷，顺流行向瀑布口，左上石崖，顺路下至水潭（此路段1公里）……溯溪而下，行500米溪两岸见小道，左上行，遇岔路左上，再遇岔路右转至老皮塘（此路段1公里）……顺车道左走，上行至竹林间坳口，过坳下行至长丘坪，过村岔路左上行至班车路口（此路段5公里）……搭乘班车至兴安（15公里），转乘班车返桂林（61公里）。

【友情赠言】

●登山路口亦可选择在银兴矿车道岔路口。

●近年山上修建风电站，遇车道掌握线路。

●求雨崖为老虎口侧的立崖孤石，旧时村民常跃上焚香求雨，据说还蛮灵验。

●由苦蕨槽营地下行遇岔路，如不下黄泥塘瀑布，可顺路左行直达老皮塘。

DONGSHAN CHUANYUE

东 山

东山穿越

莫家登山路口

东山望月光洞

海洋山支脉的重要高山，桂林户外著名山峰东山，距桂林35公里，位于摩天岭-东山山脉的南端，是灵川灵田乡与兴安溶江镇、高尚三乡镇的界山。《灵川县志》载：东山位于灵田乡殿堂寺北，海拔1297米。山多符竹，山顶无树，冬多山火。

东山顶为条形，长2公里，呈东北-西南走向，与棋盘石、摩天岭一脉相连。东山西为大片草山，山顶芳草青青，万千馒馒草山碧连天际。它东为东灵峡谷，西北为月光洞峡谷，是"桂林户外10大亲水溪谷"月光洞的源头之一，亦是东灵峡溪谷的源头、淦江河的发源地。

登顶东山四面村寨均有路，山脉大穿越可由兴安灵田莫家一路北行，经棋盘石、摩天岭直下兴安仙人桥。

【路线设计】莫家→东山→棋盘石→沙江。

【线路描述】东山是桂林户外著名山峰，与棋盘石、摩天岭一脉相连，四面村寨均有登山之路，顶为连绵草山，是两条户外著名溪谷的发源地。

【徒步里程】第1天13公里，第2天6公里。

【风景指数】★★★☆

【强度级别】★★★★

【出行方案】

第1天（从桂林乘车至正义，徒步至莫家，登山至棋盘石下营地）由建干路灵田班车站（七星区建干路屏风市场路口东进50米）乘正义班车至正义（33公里）……出村继续北行车道，遇岔路直行大路，行400米岔路左走，再遇岔路直行大路，至莫

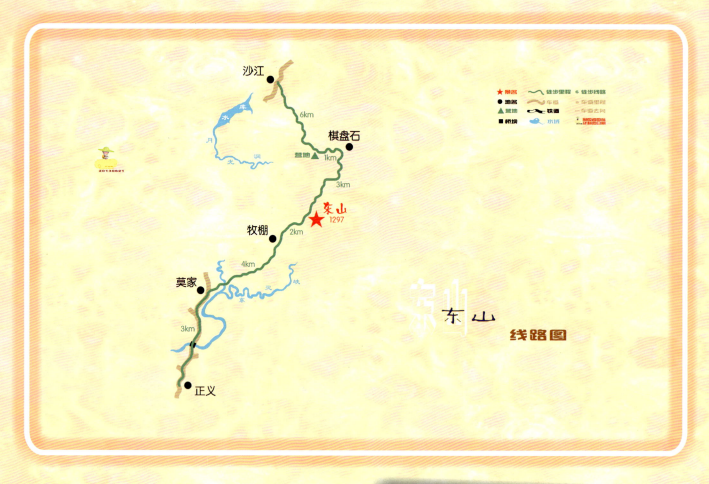

沙江

水库

月光洞

6km

棋盘石

营地 ▲ 1km

3km

★ 东山
1297

牧棚 2km

4km

莫家

东灵峡

3km

正义

东山 线路图

家（此路段3公里）……村中右走田间路至溪，过溪左走顺路上行陡峭山坡，遇岔路上行大路，行2公里穿竹林过水流，来至牧棚（此路段4公里）……继续上行小道，遇溪流顺流而上，左走过牧牛坪，顺小道上行至东山顶（此路段2公里）……顺山梁路行，下山梁遇岔路走左，上行1公里至棋盘石下山坳（此路段3公里）……过坳右下，顺山脊路行至营地（见水源、平地，水流向左往月光洞上洞。此路段1公里）。

第2天（由营地下山至沙江村，乘山马车出322国道，搭乘班车返桂林）由营地前行上至山脊，顺路左走，遇岔路走右，下至树丛（此路段1公里）……继续下行小道，过竹林流水，下行陡峭山脊路，遇岔路直行向下，至沙江村（此路段5公里）……包乘山马车至溶江镇322国道路口（8公里），搭乘过路班车返桂林（36公里）。

【友情赠言】

●东山、棋盘石正筑路修建风电站，遇车道掌握好行进方向路线。

●营地亦可选择在下东山山梁后岔路口的平地，顺山沟寻找水源可得。

●从正义至莫家3公里，亦可让班车送或搭乘村车至。穿越下至沙江村后，可联系小卖部包乘山马车出大溶江镇322国道。

徒步东山

穿越下山营地

葫芦顶望鸡笼山

海洋山余脉

　　海洋山山脉向南延伸，形成海洋山余脉。海洋山山脉余脉又称东瑶山，山脉走向为北东至南西，高度由北往南逐渐升高。从桂林城东南逶迤而来，沿灵川东南、阳朔东北边缘、恭城西北至平乐北境止，全长50公里，海拔1000米以上山峰数以百计。海洋山余脉山体主要由灰岩、砂页岩组成，在新构造运动、岩性和外力等因素作用下，山坡急而陡，坡度30度以上，河谷下切强烈，上阔下窄，横剖面呈"V"型，高山深谷随处可见。

　　海洋山山脉余脉主要户外名山有嵩坪龙、鸡笼山、葫芦顶、盘古山、高山顶、椅子山等。嵩坪龙海拔1701米，为此山脉最高峰，亦是阳朔县境最高峰。鸡笼山山峰直立，崖壁陡峭，其顶为灵川、阳朔、恭城三县之界。盘古山杜鹃花烂漫，是春游登高赏花的好去处。

盘古山穿越 11

盘古山

盘古山穿越

盘古山之巅

九龙庙

盘古山云海

　　海洋山余脉上的名山盘古山，位于桂林城东南30公里处，海拔高度1207米，是灵川县大境与潮田两乡的界山。

　　盘古山山梁为草山，平坦开阔，乾隆二十五年（1760年）建"九龙圣庙"，至今尚存。

　　立于山顶，四野风光尽收眼底。西可俯瞰潮田乡镇，泱泱村寨，巍巍峰林。南可眺望葫芦顶、嵩平龙，莽莽山脉，直上云端。此山梁遍生杜鹃，春季是驴友赏花的好去处。

　　穿越盘古山线路有多条，此线路为驴友常走而又最不易辨别的一条，如户外经验不足，建议登顶后穿越下团山源出潮田，或原路返涝江。

　　【行走路线】涝江口→大水漕→盘古山→大草堂→割草岥→大野神境。

　　【线路描述】盘古山为大境与潮田乡的界山，有古庙，草山梁遍生杜鹃，可极目田园山水风光，当天往返。

　　【徒步里程】13公里。

　　【风景指数】★★★☆

　　【强度级别】★★★☆

　　【出行方案】

　　由桂林三里店大圆盘东南侧公交站乘大境班车至大境乡（45公里），包车至涝江口（8公里）……岔道右下过"幸福桥"，右上行拐过大弯，见上行小路行小道穿插返车道，行至大水漕村大樟树（此路段2公里）……树前岔路走左，行过村屋，侧左小道上行，穿插返车道，左上行至果园前，右行小道穿插返车道，左行车道，遇岔路直行至坳（前可见

盘古山
线路图

盘古山。此路段1公里）……坳口岔路右走主道，平走500米遇岔路右上（左下走大草堂），再遇岔路左上行，至左右平走岔路时，左拐数米右上小道，至坳口岔路左上，再遇岔路再左上（右下团山源），顺路登至九龙庙（此路段2.5公里）……前行过庙宇（南），遇岔路走大路不离山梁，行1.5公里至小草坪，行左侧顺车道下至屋，岔道左走，再遇岔道右拐，再岔道再左走，穿插返车道，横过车道上行小道（关键岔路），穿过田地返车道右走至十字路口（此路段3公里）……前行下走，遇岔路左行大路，过田地上车道走右，至大草堂（此路段1.5公里）……过村前行车道，行300米岔路右走，再行400米（弯道处）右下行小道，顺山脊下走（可见山下房屋），至平行岔道左走，遇岔道右下至割草岐村，行车道出大野神境景区大门（此路段3公里）……乘包车返大境（9公里），转乘班车返桂林（32公里）。

【友情赠言】

●此海洋山余脉的盘古山与越城岭余脉的盘古岭是不同的两座山，此山有九龙庙，盘古岭有盘古庙。在海拔上，此山要高得多。

●村后车道久无车行茅草丛生，留心辨路。

●此山春时杜鹃花开似海，踏青登山赏花线路另见本丛书之3《徒步桂林10大经典特色线路2》"10大应季赏景地"篇。

●雨雾天气方向迷濛，切勿登山穿越。

走下盘古山

走出大野神境

椅子山

登顶椅子山 11

登顶椅子山

矿区营地

山顶测量标志

椅子山椅子石

　　海洋山支脉上的著名高山椅子山，位于桂林东南40公里，灵川大境与恭城西岭两乡之间，是灵川与恭城两县的界山。恭城县志载：椅子山位于西岭乡椅子村庙厂屯，西与灵川县交界，因山形似椅而得名，属海洋山山脉，有原始森林。

　　此山顶为灌木林，山脊、山腰为原始林带，顶的南部为大片馍馍草山包，GPS实测海拔1643米，设有官方水泥坐标方墩，方墩中心金属棒截面注字"三角点"。

　　椅子山富含铅锌矿，四周均有开采。

　　登此山可由灵川县大境乡的井边四源矿、龙家、廖家3个方向和恭城县西岭乡的庙厂而上。此处选择由井边村四源矿登顶，这是一条好走的近道。

　　【行走路线】四源矿→11笼→椅子山顶→椅子石→椅子山顶→四源矿。

　　【线路描述】椅子山为海洋山支脉上著名高山、灵川与恭城两县的界山，山顶为灌木、山脊山腰为原始林，顶的南部为大片馍馍草山包，山顶设有官方水泥坐标方墩。

　　【徒步里程】第1天1公里，第2天8公里。

　　【风景指数】★★★★

　　【强度级别】★★★

　　【出行方案】

　　第1天（由桂林乘车至大境，包车至四源矿，扎营11笼）由桂林三里店大圆盘东南公交站或加油站

椅子山
线路图

乘大境班车至大境乡（40公里），包乘微旅车至四源铅锌矿井边矿区（14公里）……矿部屋背岔路右走（左走庙厂界），顺水流上行至11笼（矿井），安营扎寨（此路段200米）。

第2天（**登顶椅子山，游草山包，返营地，乘包车返大境，乘班车返桂林**）轻装出发，工棚背矿井前岔路走右，沿右侧水流而上行，顺饮水管走，至山坳（此路段1公里）……顺路右上至山脊（记住此路口），右走翻过山包下坳，再上山包，至山脊（记住此路口），左上行山脊，至椅子山顶（此路段1公里）……前行下山，奔走草山包，返椅子山顶（此路段4公里）……原路返回营地（特别留心山脊上的岔路口。此路段2公里）……背上重装返矿部，乘包车返大境、乘班车返桂林。

【友情赠言】

● 登山切记行过的路，特别是岔路口，否则返程必错无疑。

● 大境至四源矿部14公里，如不包车，亦可徒步前往。

● 此线路适宜自驾（高底盘车）出行。

● 此线路亦可作1天行，当天返桂林。

椅子山山梁

南端老虎岩

环走高山顶 11

高山顶山梁

环走高山顶

群英村

过山隘口

雷鸣江

　　高山顶又称老山，地处桂林城东偏南53公里，椅子山东14公里处，是海洋山余脉上的著名高峰，是灵川与恭城的界山。《桂林漓江志》载：高山顶位于大境东南顶端。海拔1603.4米。与恭城县交界。《恭城县志》称：高山顶位于嘉会乡两南村北，产杂木。

　　高山顶虽属海洋山余脉，却是一座独立的高山，与其山脉并不相连。此山北东-南西走向，长29公里，宽10公里。此山有三座著名高峰：三角源、高山顶、仙人顶，三座高峰成三角状分布，当数高山顶最高。高山顶山势陡峭，山形复杂，顶为草山，顶下多石崖。

　　登山线路设计以灵川县大境乡群英村为起点，登山穿越后返回群英水油榨。

　　【行走路线】群英→石家→隘口→雷鸣江→高山顶→黎家→水油榨。

　　【线路描述】高山顶为海洋山山脉独立高山，灵川与恭城两县的界山，山势陡峭，山形复杂，顶为草山，登山线路为环形穿越。

　　【徒步里程】第1天6公里，第2天10公里。

　　【风景指数】★★★☆

　　【强度级别】★★★★

　　【出行方案】

　　第1天（从桂林乘车至群英村，登山过石家上隘口，露营雷鸣江营地）在桂林三里店大圆盘东南侧公交站或加油站乘群英班车至群英村委桥前路口（不过桥）下车（89公里），左行车道，凡遇岔路

高山顶
高山顶
线路图

水油榨

群英村

黎家

石家

2km

3km

3km

隘口

营地

雷鸣江

1km

1km

1km

1km

高山顶
1603.4

★ 景名　　　 徒步里程　 6 徒步线路
● 地名　　　 车道　　　 车道里程
▲ 营地　　　 铁道　　　 一车返去向
■ 桥坝　　　 水城

20160301

直行，山坡弯道小道穿插返车道，上至石家（此路段2公里）……村背小道直上行至车道，遇岔路直行，沿车道上行500米左拐弯，右上山坡小道，穿过杉树林至横行小道，左走20米右上入杂木林穿至山包，顺路下行过凹右上走，一路行山腰，遇岔路走上不走下，至隘口（此路段3公里）……岔路左平走，行石板路过竹林，岔路直行，至雷鸣江营地（此路段1公里）。

第2天（由营地登顶高山顶，顺山梁下山，经黎家出水油榨）由营地返原路百米，岔路右走一路行山脊至主峰山崖，顺崖平穿竹林，至流水乱石槽，左上登槽，左行登至草山顶（此路段2公里）……原路返，顺山梁北行（不离山梁），至平坳（已见岭下群英村、车道及坳口明显横走小道。此路段2公里）……顺路下山（靠右），无路时行流水槽，下至荒废林道（此路段300米）……顺车道右下行，遇岔路走下不走上，至黎家（此路段3公里）……穿村而过，弯道处遇岔路右下行小道，过小木桥，又至车道，左下行车道，4过溪流，出至水油榨路口（此路段2公里）……搭乘班车（或包车）返桂林（88公里）。

【友情赠言】
●登顶后亦可原路返回。
●此山顶多崖壁，山形复杂方位难辨，出行此山以请向导为宜，雨雾天万不可贸然探行。

●每日有群英-灵川对开班车各一趟，早8点桂林三里店大圆盘乘车。如自驾将更为方便。
●从恭城一侧嘉会乡卢家沿江而上，由废矿亦可登顶，但陡直无路，多石崖。

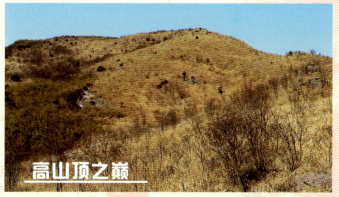

高山顶之巅

穿越下车道处

穿越葫芦顶 11

葫芦顶

穿越葫芦顶

回眸双河

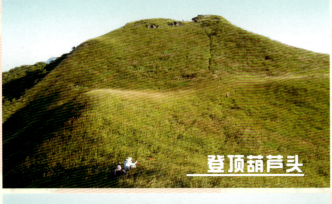
登顶葫芦头

眺望南圩穿岩

位于桂林东南36公里处海洋山山脉余脉上的高峰葫芦顶，GPS实测海拔1469米，地处盘古山与嵩平龙之间，与嵩平龙隔沟相望，山脉相连，属灵川大境乡与潮田乡的界山。

葫芦顶因山顶形似葫芦之顶而得名。此山下为杂木林，顶为草山，山脊陡峭，绝壁直立。山顶葫芦头为石顶。登葫芦顶放眼舒怀，峰林棋布，大好河山尽收眼底。

登山可由大境双河一侧或潮田富城、大树底一侧为起点，亦可由盘古山南行山脊直达葫芦顶。葫芦头下草高没人，盛夏无路可寻，登顶或穿越以春、冬季为宜。

【路线设计】毛竹江→药场→营地→葫芦顶→石山头→平螺岭→斋公槽→半田水库→大草塘→大野神境。

【线路描述】登葫芦顶山势陡峭，视野辽远，由杂木林登顶后一路顺草山脊穿越而行。主打景观：葫芦头、平螺岭、斋公槽、俯瞰南圩穿岩。

【徒步里程】第1天4公里，第2天13公里。

【风景指数】★★★★

【强度级别】★★★★

【出行方案】

第1天（从桂林乘车至毛竹江，徒步登顶葫芦头后扎营坳口）由桂林三里店大圆盘东南侧公交站乘大境班车至大境（40公里），包小面包车至双河毛竹江（14公里）……穿过最上头一户人家院子，过白枫树后左上走，遇岔路左上全车道，顺"之"路上行至车道尽头，接行小道至药场下工棚溪流（此路段1公里）……过溪岔路上走，上行"之"字路

葫芦顶
线路图

过药棚至药场尽头，继续上行靠左，顺山脊上至草山，独树顶离山脊左走至坳口（此路段2公里）……过坳顺路左攀葫芦顶，由左侧攀岩登顶葫芦头，下顶扎营坳口草坪（此路段1公里）

第2天（由营地经平螺岭、斋公槽、半田水库下至大野神境出）登石山头顺山脊西北行（或顺石山头左侧草坡下），过两个石顶（顶不连通）左下石顶，过草窝顺路上登至左山坳（此路段1公里）……顺路前行平螺岭，行1公里至斋公槽，顺槽行1公里遇岔路行右，一路下行顺水流至半田水库（此路段4公里）……沿水库右岸路行过水库，顺山包下路上行1公里至岔路口，右下坳至废弃屋，岔道左走，再遇岔道右拐，再岔道再左走，穿插返车道，横过车道上行小道（关键岔路。此段路基本平走，不要大下），穿过田地返车道右走至十字路口（此路段3公里）……前行下走，遇岔路左行大路，过田地上车道走右，至大草堂（此路段2公里）……过村前行车道，行300米岔路右走，再行400米（弯道处）右下行小道，顺山脊下走（可见山下房屋），至岔道左走，遇岔道右下至割草岐，行车道出大野神境景区大门（此路段3公里）……乘包车返大境（9公里），转乘班车返桂林（32公里）。

【友情赠言】

●登此山线路可有多条，此篇推荐穿越线路设计为最短、最好走、风景最漂亮。

●大境包车入双河毛竹江记下司机电话，以便穿越下山后联系接返大境乘班车。

●营地葫芦头下西侧草丛水源未必好找，最好能在行至药场下工棚溪流取水带上山。

斋公槽

盘古山望葫芦顶

PANDENG JILONGSHAN

攀登鸡笼山 11

鸡笼山

攀登鸡笼山

登山起点

攀登之路

沿途风光

　　海拔1646米的鸡笼山是灵川、恭城、阳朔三县的界山，分属灵川的蔡家、恭城的茅坪、阳朔的大坪所有，三个方向均可登顶。山顶有国务院立界碑。

　　海洋山山脉上的高峰鸡笼山，山体主要由灰岩、砂页岩组成，蕴藏有铅、锌、铜等矿。鸡笼山山谷深切，坡度30度以上。山体为森林覆盖，山顶为石山。

　　鸡笼山主峰为四面绝壁的石崖山峰，登顶之路十分陡峭，须攀爬石壁。过去曾经有不少户外驴友试登此山，终因山势险要、难寻登顶之路而未能如愿。

　　【行走路线】双河→蔡家→茅坪坳→茅坪矿→鸡笼山顶→茅坪矿→（原路返双河）。

　　【线路描述】两天线路。原路返回。由灵川大境方向入，穿越至恭城茅坪矿登山，是最便捷线路。重装至茅坪矿，轻装登顶。登顶之路陡峭。峰顶立国务院1999年制三县界碑。

　　【徒步里程】第1天8公里，第2天16公里。

　　【风景指数】★★★★。

　　【强度级别】★★★★。

　　【出行方案】

　　第1天（从桂林出发乘车到达双河，徒步经蔡家过坳至茅坪矿）由桂林三里店大圆盘东南侧加油站乘大境班车至大境乡（40公里）。包车至双河（12公里）……双河村口右行过桥，顺车道上行。遇岔路顺公路沿溪而上不离溪（前约两公里行溪

桂林户外运动丛书之4
桂林户外登山100峰

鸡笼山线路图

右，过桥后约3公里行溪左）。行约3公里过重晶石矿，再行约2公里屋前岔路左上，行约百米至公路尽头蔡家（此路段5公里）……屋左小道上行，过竹林约50米后岔路右上。行约1公里至一拐弯处岔路左上行。上至山脊遇岔路，行右路下（不走山脊上），后平走山腰。行不远见隔栏，左上行，行之字路上至茅坪坳（此路段2公里）……过坳下行无岔路，行不足300米至车道。沿车道右上行，行约300米至茅坪铅锌矿。安营扎寨（此路段600米）。

第2天（登顶鸡笼山，穿越下山原路返双河。乘车回桂林）顺公路继续向矿区前行。至岔路（左路见大铁门）。由路拐角处碎石坡小道上行登山（此路段1公里）……行约百米至工棚，过工棚继续上行。走完碎石坡左见瀑布，攀岩石上瀑布顶。顺溪谷上行。遇岔溪行左（上行后回望谷对面见漂亮石峰）。近顶遇细竹林，右上穿行。至山脊（此路段2公里。切记住此路口，以免找不到归途）……向右沿山脊继续登山。至山脊尽头（左方一沟之隔百米外高峰便是鸡笼山之巅）。左下行沿山脊小路过坳，向上登峰。至顶（见三角形青石三县界碑。此路段1公里）……原路下山。经矿部、过茅坪坳、过蔡家返至双河（此路段12公里）……乘包车返大境。乘班车返桂林。

【友情赠言】

● 此线路因强度较大、山险谷深、登山无路，无向导、无体能者切不可贸然攀登。

● 包车或自驾微客可直至蔡家村。

三县界碑

鸡笼山之巅

登顶嵩坪龙

十一

嵩坪龙

登顶嵩坪龙

仰望嵩坪龙

牧羊棚营地

阳朔最高峰海拔1701米的嵩坪龙，位于兴坪镇大坪与灵川潮田大树底、大境七分山交界处，距桂林39公里。嵩坪龙地处海洋山余脉，山谷深切，坡度30度以上，山体主要由灰岩、砂页岩组成。

嵩坪龙因峰峦高耸，峰顶如游龙之脊而得名。登顶此山，两侧雄奇险峻，山梁宛转悠长，馒馒包一望无际，绿草青青，辽远壮美。

山顶之下山窝羊棚，是十分方便的户外营地。

【行走路线】杉木坪→大坪→羊棚→嵩坪龙→大坪→杉木坪。

【线路描述】此山为阳朔最高峰、两县界山、草顶如游龙之脊，山窝羊棚是极好的营地。

【徒步里程】第1天10公里，第2天14公里。

【风景指数】★★★★

【强度级别】★★★★

【出行方案】

第1天（乘车至杉木坪，登至山窝羊棚扎营）由桂林汽车总站乘兴坪班车至兴坪（91公里），包乘微旅车至杉木坪（进广源电站。20公里）……车道左上行（不过桥），过小坪后岔路右下，行1公里至溪流（此路段6公里）……踏石过溪，顺车道上行百米至拐弯处，左见下溪小道，下行小道过溪，右上行山坡，行200米再过溪，遇岔路左上行，一路行于溪谷左。行约1公里过溪桥，上去遇岔路左走，走几步再遇岔路右走，踏石过溪继续上行，行于溪谷右侧（此路段2公里）……过几处水流，行

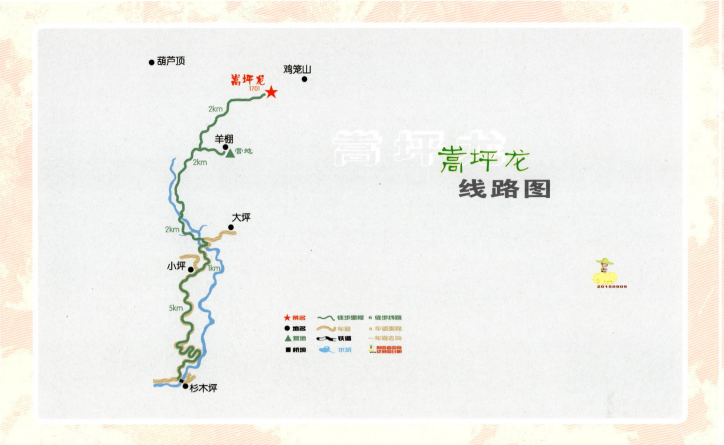

过竹林遇岔路右上行，至草山，平走下行，顺路下300米至羊棚营地（此路段2公里）。

　　第2天（登顶嵩坪龙，下山返杉木坪，乘车返桂林）背上重装包，原路返300米至草山路口，放下重装包，右上草坡轻装登顶，至山梁后右走，登顶嵩坪龙（此路段2公里）……原路下顶，返登山路口（背上重装包），原路下大坪，过溪顺车道经小坪返杉木坪（此路段12公里）……乘包车返兴坪，乘班车返桂林。

　　【友情赠言】
　　●自驾微旅车可直达大坪。
　　●如果包车前往，当记下司机电话，以便下山返回接出。
　　●下山返杉木坪后，包车可经草坪直返桂林。62公里）。
　　●雨雾天气万勿登山，以免迷途危险。

登顶嵩坪龙

鸡笼山望嵩坪龙

穿行判官山

都庞岭山脉

　　都庞岭海洋山系之都庞岭山脉，是著名的"江南五岭"之一，此山脉从全州延伸至灌阳境内，向南达恭城，呈东北—西南走向，长约142公里，是广西与湖南的界山，传说因山之绝顶曰都峰，土人语讹"峰"曰"庞"而得名。都庞岭山脉山体庞大，气势雄伟，北部粗壮，南部细小多支。都庞岭山脉地质构造复杂，主要由燕山时期和加里东晚期花岗岩、变质岩以及双层砂土构成，山内泥土较粗，山涧谷地和缓坡地带表土深厚，山顶因海拔高，气候变幻莫测，多为巨石杂草。

　　都庞岭山脉山峰竞相耸立，主要山峰从北至南依次有韭菜岭、杉木顶、天门岭、判官山等。韭菜岭海拔达2009.3米，是都庞岭最高峰，因峰顶生长韭菜而得名，此山时常白云缭绕，素有"白云之海，难分天地"之说。都庞岭其间海拔低的地区是通往湖南的交通要道，历为兵家必争之地。

　　都庞岭山脉山青水秀，气候宜人，韭菜岭下的大草坪千家峒风景优美，被认为是瑶族发祥地，其原始森林中生长福建柏、长苞铁杉等珍稀树种，并有多种野生动物活动于丛山峻岭中，是令人神往的驴友徒步目的地。

韭菜岭

登顶韭菜岭

位于桂林城东偏北108公里，与湖南道县交界处海拔2009米的韭菜岭，是江南五岭之都庞岭最高峰，2009年被《中国国家地理》杂志评选为"中国10大非著名山峰"。韭菜岭因峰巅生长野韭菜而得名。

左下艾家湾

韭菜岭下有一片神奇的土地千家峒，千家峒是海内外瑶胞向往回归的瑶族发祥圣地，多少年来，千家峒流传着美丽而悲凉的故事。20世纪60年代，为防台湾"反攻大陆"空降，千家峒小盆地曾驻兵。

韭菜岭危崖高耸，翠绿如染，翻不过岭的白云在山前涌流，望山下千家峒绿草繁茂，碧水涟绮，四周森林环绕，阳光突然泻下，高山草甸一派锦秀。

线路设计避开核心界碑、不登黑山坳，是桂林方向登山最短、最便捷线路。

【行走路线】十道江→都庞岭电站→艾家湾→倒江河→四十八步→千家峒→韭菜岭→千家峒→四十八步→大江源（湖南）。

【线路描述】韭菜岭为都庞岭主峰、瑶族发祥地，有许多传说故事，被入选中国10大非名山，登山不登核心界碑、避开黑山坳。

【徒步里程】26公里（第1天5公里、第2天10公里、第3天9公里）。

【风景指数】★★★★☆

【强度级别】★★★★

【出行方案】

第1天（桂林乘车至灌阳，包车至都庞岭电站艾家湾，徒步至千家峒扎营）由桂林桂北客运站乘灌阳班车至灌阳（152公里），站前包微旅车至都庞岭电站艾家湾前渠（25公里）……沿渠上行，渠左过小桥上行小道，顺碎石路入竹林翻山，下溪过溪接行小道，返溪溯溪百米仍行右岸小道，顺道上行穿竹林至岔路（关键路口。此路段1公里）……左走行石阶路，过小坳下至倒江河，过溪行对面小道，行10米遇岔路左上行，至岔溪，过溪上右侧大石，行溪左路至猪山坪（此路段一路行溪左，2公里）……溯

四十八步及坳口

韭菜岭
线路图

溪行百米右上小道（仔细辨路），行1公里下溪溯溪百米仍右上小道，再下溪溯溪200米至四十八步（溪谷大拐弯处），安营扎寨（此路段一路行溪右，2公里）。

第2天（轻装徒步经千家峒登顶韭菜岭，原路返四十八步营地）轻装溯溪前行，遇瀑布不能行时右走岸路，过古怪冲废弃矿区，再遇瀑布，瀑前百米左行岸路，至古怪冲瀑布，瀑前50米左上山道（路陡直），下坳穿林顺路左行，过溪至千家峒下峒，行大草坪至中峒兵营废墟（此路段3公里）……右走至树林，林中顺水流上行200米，左上山坡，遇岔路左走，一路行山脊登至韭菜岭之巅（顶为10平方米平地，中央有水泥测量标致，此路段2公里）……原路下山返四十八步（此路段5公里）。

到达大江源

第3天（下山至大江源村，乘车返桂林）由四十八步离溪向左（南）过坳，行2公里至水流，行溪床50米右上岸路，至电站前渠（此路段3公里）……过渠直下，过松林至平地，沿溪流右侧路行，过大江源村至公路桥小卖店（此路段5公里）……乘班车至道县（32公里），转乘班车返桂林（195公里）。

【友情赠言】
●如艾家湾车道不通，亦可车至都庞岭电站后，行小道至艾家湾。
●沿途可露营地：十道江桥、艾家湾、倒江河、猪山坪、四十八步、上峒。
●至终点大江源后，亦可包车直返桂林。
●出行此线路可参考：本丛书之1"穿越千家峒 登顶韭菜岭"、之2"韭菜岭"。

千家峒

天门岭

攀登天门岭

天门岭位于都庞岭山脉中段，灌阳县与湖南江永县交界处，地属"广西千家洞国家级自然保护区"，海拔1850米。此山较高，常处云雾中，犹如登天之门，故称。

界上营地

天门岭山梁天门座座，天门开处，雄姿尽显，风光绝妙。登天门岭一路天门，一门更比一门奇绝，一门更比一门震撼。主要景致有二天门、三天门、天门炮台、将军座等。

天门岭之巅为草坪，立于顶，北可眺望广西灌阳城、韭菜岭，南可俯瞰湖南、江永城。

登顶此山难点在由界上营地下行防火道及上攀防火道至天门岭山梁，这一段山势险峭、路陡坡滑，被称为"陡脊"，过了东、西陡脊上至山梁路好走些，但一路需翻越12座山头。

【行走路线】三江→大湾槽→鲤鱼岐→界上营地→东陡脊→天门岭→（原路返）三江。

【线路描述】都庞岭著名高山、广西与湖南之界山、穿越陡脊、过12山头，一路天门。

【徒步里程】第1天7公里，第2天21公里。
【风景指数】★★★★
【强度级别】★★★★☆
【出行方案】

第1天（从桂林乘车至新街三江村，徒步至界上营地） 由桂林三里店乘灌阳班车（洞大线）至新街乡（130公里），右走过桥至老街，左走穿街而过，搭乘村车至三江村公所（5公里）……前行车道过桥，至电站前百米左上登山小道，沿此道上行至车道左走，行至大湾槽岔路口左上，岔路右走，遇岔路直行大路，至最高处（此路段4公里）……弯道下行数十米左上竹林小道，右登鲤鱼岐过石垒墙，遇岔路右上走，过沙化地带，攀至界上，平走数百米至营地（此路段3公里）

第2天（由营地轻装登顶天门岭，返营地下山，乘车回桂林） 继续顺山脊前行，石前岔路左下至西陡脊防火道，顺防火道下至陡脊底杉

穿越陡脊

天门岭
线路图

往新街
三江村　1km　3km　鲤鱼岐
电站　大湾槽
　　　　　3km
界上
营地
水源
西陡脊
防　火　道
东陡脊
2km　　　3km　　　2km
杉木塘
水源
天门岭 1850
一天门　三天门
二天门
天门炮台　将军座

★景名　〰徒步里程　⑥徒步线路
●地名　〰车道　⑨车道里程
▲营地　🚂铁道　←车道去向
■桥坝　〰水源

20170106

行亚二天门

山顶望千家峒

天门炮台

门，越山头，登左侧草山峰至天门岭之巅（此路段5公里）……下顶原路返营地，背上重装包原路返三江（此路段7公里）……乘村车返新街，搭班车至灌阳县城（11公里），转乘班车返桂林（152公里）。

【友情赠言】

●穿越东、西陡脊防火道上下险陡多浮沙，须十分小心。

●天门岭山梁一路无水源，登山带路饮水。

●登顶此山为桂林户外登山难度、强度之最，掌握好时间速度，以免返程错过班车。

●出行此线路亦可参考本丛书之2"天门岭"篇。

木塘，上攀东陡脊防火道，左入穿竹林，出林攀至山梁，右走下坳翻过对面山包，由右侧下沟返山梁（此路段2公里）……行山梁一路过天

判官山

穿越判官山

《灌阳县志》载："判官山位于新街乡三江村，海拔1623米。该山峰因酷似古时判官而得名。山上森林茂密，为水源林山。"

判官山距桂林90公里，是灌阳县与湖南江永县的界山。此山顶为石崖，下为竹林及野生杂木林。

判官山出现

穿越线路设计由三江村行至桃木岭，登至山脊后顺山脊而上，横穿至防火道，行防火道至顶峰石崖右侧登平台，再顺防火道至西陡脊顶，经界上出右江。

【行走路线】三江→桃木岭→判官山→西陡脊顶→界上→鲤鱼岐→大湾槽→三江。

【线路描述】判官山为都庞岭山脉著名山峰，广西与湖南界山，顶为石峰，至山梁后行防火道环穿返起点。

【徒步里程】第1天9公里、第2天11公里。

【风景指数】★★★★

【强度级别】★★★★☆

【出行方案】

第1天（由桂林乘车至桃木岭村，徒步至判官山下营地） 由桂林三里店乘灌阳班车（洞大线）至新街乡（130公里），右走过桥后左走穿老街而过，搭乘村车至三江村委（5公里）……村委前右走车道，过水库上行至桃木岭村（此路段2公里）……村前左侧小道上行，行至山脊遇岔路右上，再遇岔路再右上，入林后遇岔路右走后左上（凡遇岔路走上不走下，走大不走小），行凹槽路至山脊石岩观景台（此路段3公里）……沿山脊一路上行，遇石山头左绕，穿细竹林，攀沙化地，至又一处石岩观景台（此路段3公里）……行过陡坡，岔路左走（不登山顶），山腰横走过3道水流，至防火道左下走，平坦宽阔处安营扎寨（此路段1公里）。

第2天（行过判官山，沿山脊防火道经界上，穿越至右江出） 沿防火道下行过坳后上攀，石崖下左入竹林，横穿至判官山石峰下（此路段

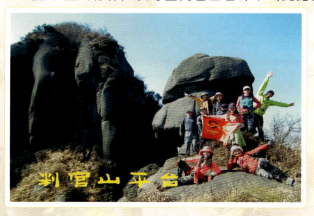

判官山平台

判官山
线路图

判官山之巅

脊顶路口

攀行防火道

1公里）……由右侧绕过判官山，凹处左登草坡至悬石平台，下平台继续沿路前行防火道，陡峭时行侧边灌木丛，翻过山头至西陡脊顶（见保护区标志牌。此路段2公里）……牌左侧顺路

穿竹林下至界上，岔路左平走，顺路下界过沙化坡，遇岔路均左下行，过鲤鱼岐下至车道（此路段5公里）……右上走拐过弯下行，遇岔路行大路，弯道岔路直行机耕道左下，下后岔路右走，过塌方接行机耕道，路左拐后百米处右下小道，沿小道下至电站前车道，右走至三江村（此路段3公里）……搭乘村车返新街，搭乘班车（洞大线）返桂林。

【友情赠言】

●此线路山路朦胧，防火道陡滑，穿越难度强度较大，以请向导为宜。

●判官山下营地水源在行来的山腰路上，经过时可顺便备上。

●新街返程亦可乘车经灌阳县城返桂林。

石榴界远眺

都庞岭余脉

　　都庞岭海洋山系的都庞岭余脉呈南北走向，长约70公里，分布于桂林东南恭城、平乐两县，东侵湖南道县、江永，西濒灌江河谷地带，整个地势波浪起伏向南蜿蜒，从永安关始向南逐渐增高，而后地势降低。都庞岭余脉历为广西与湖南的自然分界线。

　　都庞岭余脉上的户外名山不少，主峰银锭山海拔1885米，为恭城最高山峰，山顶有寺庙两座，著名的还有石榴界、癞头山、牛睾山、莲花山和燕子山。这些山峰顶相对平坦开阔，或草山连绵或石峰高耸，均有路登至顶峰。燕子山已开发为景区，山上有农家接待。

燕子山

穿越燕子山

都庞岭余脉上的高峰燕子山，是著名的户外目的地。燕子山海拔1495米，总体呈南北方向展布。燕子山距桂林148公里，是恭城县嘉会、龙虎乡与湖南江永县粗石江乡之界山。此山富含铅、锌、钨等矿藏，沿山脉自古设有矿界碑。

燕子山矿界碑

燕子山水源丰富、碧绿茵茵、燕子高飞，构成美妙的自然景观，这里是优良的高山牧场。此山东南侧长槽冲有农家乐"天仙人家"，山脚有大泊水瀑布及天仙庙。

燕子山山势陡峭，终年疾风劲吹，山坳便有南风坳、西风坳之称，现山梁建有风电塔，公路直达南风坳。

【行走路线】石山脚→大明源→采石场→南风坳→燕子山→西风坳→大明源→石山脚路口。

【线路描述】广西湖南界山、山顶为陡峭石峰、高山草场。

【徒步里程】22公里（第1天11公里，第2天11公里）。

【风景指数】★★★☆

【强度级别】★★★☆

【出行方案】

第1天（从桂林乘车至石山脚村路口，徒步过明源电站，登南风坳至燕子冲营地）由桂林汽车总站乘湖南江永班车过恭城、嘉会至石山脚村路口下车（134公里）……右行车道1公里过石山脚村，出村200米岔路右走，行1公里小明源村前岔路右走，岔路直行过大明源村、明源电站、采石场，至石壁前登山小道路口（左边溪流，车道右拐处。此路段7公里）……离车道直行小道，左过溪上至水渠右走，顺溪流而上，行1公里过溪水后遇岔路（关键路口）走左，一路顺溪水行，出林攀石山至南风坳车道（此路段3公里）……左走车道200米，顺小道右下草坪露营燕子冲（沿路继续前行百米或右下方树林有水源。此路段500米）。

燕子冲营地

西风坳

石顶石

天仙人家农家乐

里）……左下穿过车道，顺路左走入林，遇岔路走下不走上，走右不走左（行于山谷左侧），过3道流水至石闸门，出闸门右下小道50米见石顶石，返石闸门（此路段3公里）……继续下山，遇岔路走左不走右（行于山谷右侧），遇岔路直行（朝前方石峰行），至大明源车道（此路段2公里）……右走车道，经小明源、石山脚原路返石山脚班车路口（此路段3公里）……搭乘过路班车返桂林。

【友情赠言】

● 自驾或包车，可经小明源风电场车道直达天仙人家。穿越下山亦可行车道出小明源。

● 旱季水源干涸时，可露营天仙人家。

● 此登山线路反走难度加大30%。

第2天（登顶燕子山，顺山脊穿越西风坳，经石闸门下至大明源，返石山脚路口）由营地上返车道，顺山脊右走登顶燕子山，穿过山顶顺山梁而下，过五六个山头至西风坳（此路段3公

燕子山
线路图

癞头山

登峰癞头山

恭城东北15公里处的平安乡黄茅坪村北边，有一座被当地瑶民称之为癞头山的山峰，此山海拔1380米，距桂林城80公里，与恭城境内最高峰海拔1885米的银殿山相距6公里，近年来引起驴友的兴趣。

癞头山东峰

癞头山山体由巨大沙砾岩天然垒就，石峰光滑，磅礴大气，感觉简洁明快，山景一览无余，被驴友认为是个发呆悟人生的好去处。

此山分东西两峰，东峰险，登顶难度大，西峰由废矿区左走，直接顺沙砾岩斜坡而上。

【行走路线】门楼冲桥→张家→癞头山→（原路返）门楼冲桥。

【线路描述】山体由巨大岩石构成、光滑石峰、银殿山侧畔的高峰。

【徒步里程】13公里。

【风景指数】★★★☆

【强度级别】★★★

【出行方案】

从桂林汽车总站乘开往恭城班车至恭城县城（108公里），包车经平安乡、银山电站、下山源至黄茅坪门楼冲桥（21公里）……左过桥上行简易车道，遇岔路行右，过石岩屋张家，遇岔路右走，过炼油棚来至癞头山脚路口（车道右拐弯处见停车棚。此路段3公里）……离车道行左小道登山，遇岔路左上，再遇岔路右走（遇岔路走大不走小，走上不走下），行2公里遇岔路左上行，至废矿区（此路段3公里）……左路上行，行20米遇岔路右走，行10米至石岩，攀岩而上，至癞头山西峰顶（此路段300米）……返废矿区，棚前山缝路上行，顺路右走，过2座小木桥，行百米巨石间左上攀（留意寻找路迹）至草地，继续右走至顶峰前，右平过石崖（拉住草木，注意安全），攀岩至顶。原路返废矿区（此路段500米）……原路下山，行10分钟至岔路口，走左路穿越下山（此路近，但陡），经松林、竹林直下（无岔路）。

癞头山西峰

登攀西峰

癞头山沙砾岩

登攀东峰

回至原登山小道路口，沿车道返张家、门楼冲桥（此路段6公里）……乘包车返恭城，转乘班车返桂林。

【友情赠言】
●癞头山顶巨石惊险，登顶者切勿四处攀爬，不提倡非强驴攀山登顶。
●出行此线路，自驾更方便当天返回桂林。

癞头山
线路图

牛睾山

登顶牛睾山

　　癞头山与银殿山之间，有一耸立的山峰如一双巨大牛睾，被当地人称作牛睾山。牛睾山又名油螺山，位于恭城瑶族自治县平安乡，距桂林城82公里。

　　牛睾山海拔1368米，为对立而又紧紧相连

牛睾山营地

的石峰，两峰顶相距不足百米。由黄茅坪方向登银殿山必经此山。

　　孤形的牛睾山顶满生金竹，金竹间是古老的五针松。

　　线路设计以黄茅坪为徒步起点，由牛睾山两峰间夹缝攀登，至凹后左登北峰。

　　【行走路线】黄茅坪→黄家→牛睾山营地→牛睾山→牛睾山营地→黄茅坪。

　　【线路描述】牛睾山位于癞头山与银殿山之间，由两个巨大岩石耸立而成，形似牛睾，山顶满生金竹、五针松。

　　【徒步里程】12.5公里（第1天3公里、第

2天9.5公里）。

　　【风景指数】★★★★

　　【强度级别】★★★☆

　　【出行方案】

　　第1天（由桂林乘车至黄茅坪，徒步至牛睾山下营地）　由桂林汽车总站乘车至恭城县城（108公里），包车经平安乡至黄茅坪下（22公里）……桥前（不过桥）岔路车道右上行，遇岔路走左，山坡再遇岔路再走左上，过黄家右上行，牛睾山前岔路右下，至牛睾山营地（溪流在右。此路段3公里）。

　　第2天（登顶牛睾山，返营地出黄茅坪，乘车返恭城、桂林）　沿原路行500米返回牛睾山下岔路口，右上行至车道尽头（此路段1公里）……过水流岔路左上入果园，穿至果园尽头右走20米，沿小道上行入竹林，古松前左走进入夹缝，上攀巨石，至废矿洞（此路段1公里）……继续上攀，遇岔路走左，攀过乱石坡行土路，

云雾牛睾山

攀岩而上

凹口风光

夹缝登攀

至凹口（此路段1公里）……左走登顶，由古树侧上行，至顶后左走山梁，在金竹林与五针松间平走200米至小空地，原路返回下坳（此路段500米）……原路下山，返营地，返黄茅坪路口（此路段6公里）……乘包车返恭城，返桂林。

【友情赠言】

●登山之路须攀石而上，以带绳索为宜。

●登此山南峰由东侧小道绕山而上。

●返程出山当联系好包车接。出行此线路亦可自驾。

牛睾山
线路图

牛睾山北峰 ★ 250m
五针松
凹口
1km
黄家
巨石
1km
废矿洞 牛睾山南峰
500m
古松
1368
果园
500m
500m
2km
营地
黄茅坪

20130218

银殿山

银殿山穿越

　　银殿山又名银锭山，海拔1885米，位于恭城平安、三江两乡交界处，是恭城县境内最高山峰。该山山体由花岗岩和砂泥碎屑岩构成，地形陡峻，沟谷切割，水流湍急，峡谷溪流呈放射状分布，均汇入恭城河。

银殿山佛珠石

　　此山傲然矗立，高耸入云，四季常聚白云，冬季常存冰雪，形似银色宫殿，故名银殿山。银殿山为恭城八景之一，有"雪飞银殿"之誉。矿产主要有水晶石、铅、锌、锡、钨及稀有金属。1982年国家划为水源林保护区。

　　银殿山顶为石峰，须拉住钢索方能攀岩上下。此山有寺庙两座，山顶地母庙和山东北侧地母庵。逢农历十月十八是庙会的日子，四方信徒云集庙中，烧香拜佛，祈福消灾。

　　【行走路线】黄茅坪→黄家→银殿山→地母庵→大坪→大桥源口→黄坪。

　　【线路描述】银殿山为恭城县最高山峰、石顶、2寺庙，重装登顶2天穿越线路。

　　【徒步里程】22公里（第1天9公里、第5天12公里）。

　　【风景指数】★★★★

　　【强度级别】★★★★

　　【出行方案】

　　第1天（由桂林乘车至黄茅坪，登顶后扎营废矿区）由桂林汽车总站乘车至恭城县城（108公里），包车经平安乡至黄茅坪下（22公里）……桥前岔路车道右上行，遇岔路左走，山坡再遇岔路再左走，过黄家车道右上，牛睾山前岔路右下，屋前车道尽头岔路左上行小道（不过水流。此路段3公里）……一路行于峡谷间，遇岔路上行大路，遇溪右过溪，至地母庙岔路口（此路段3公里）……右下走过溪，上入竹林行"之"字路，过佛珠石，至废矿区（此路段2公里）……放下重装，轻装上行右侧碎石坡（靠左侧行）至主峰石崖下，攀岩而上，至峰巅银殿寺（山观圣寺），原路下顶返废矿区露营（水源在碎石坡中部右侧。此路段1公里）。

攀岩登顶

桂林户外运动丛书之4
桂林户外登山100峰

废矿区

山顶银殿寺

地母庵

第2天（穿越下山走地母庙，至黄坪乘班车返回桂林）横过废矿区，小道下走，行1公里至

坳口，岔路右走，下至山窝，岔路左过水泥桥上至地母庵，右行过桥上至庙舍（此路段3公里）……顺车道一路下山，遇岔路行大路，见前下方村寨时，过弯道至小电杆处，离车道下行小道至村（此段路6公里）……遇岔路右下（前行方向是对面山坳，山路可见）至溪谷，过水泥桥左上山坳，过坳右走车道，至村中大弯道时下行近道，上返车道至大坪村，沿车道行过大桥源口，至黄坪（此段路6公里）……乘班车返恭城（57公里）、返桂林。

【友情赠言】

● 此山林地阴暗湿润，留意防范山蚂蟥。

● 第2天至地母庙后亦可原路返坳口岔路，直行过坳返黄茅坪出恭城。

银殿山
线路图

黄茅坪
黄家
牛睾山
农舍
佛珠石
银殿山
1885
废矿场 营地
地母庵
庵舍
大坪
大桥源口
黄坪
往恭城

景名　　徒步里程　6 徒步线路
地名　　车道　　9 车道里程
营地　　铁道　　一车道去向
桥坝　　水域

石榴界

穿行石榴界

《桂林漓江志》称：都庞岭分支东部山脉呈南北走向。主峰石榴界为平乐境内最高点，海拔1372.1米。西南部山脉向南蜿蜒。又言：石榴界位于平乐县城东部约34千米，与钟山县交界。《恭城县志》载：石榴界位于莲花乡蒲

蒲源村俯瞰

源村东南与平乐、钟山两县交界处。产杉、松、杂木及楠竹、厘竹。

石榴界地处桂林城东南101公里处，为桂林市平乐县、恭城县与贺州市钟山县三县之界山。石榴界周边以馍馍草山为主，夹杂少许杂木林，钟山县境现已种植杉树。该山顶为草坪，可见测量水泥标，但未见界碑。

登顶三县皆有路，桂林以恭城蒲源最为便捷，GPS实测蒲源海拔940米。路设计由蒲源登顶，穿越至平乐大冲出。

【行走路线】蒲源→老山背→石榴界→十二垇→大冲坳→马山槽→大冲。

【线路描述】石榴界为三县界，平乐县最

高峰，顶为草坪，宿营2天穿越线路。

【徒步里程】12公里（第1天7公里，第2天5公里）。

【风景指数】★★★☆

【强度级别】★★★

【出行方案】

第1天（从桂林乘车至蒲源，轻装登顶后环游返蒲源）由桂林汽车总站乘平乐班车至二塘（104公里），换乘同安班车至同安镇（20公里），包乘微旅车至蒲源（18公里）……放下重装前行（东）出村，村口岔路走左，遇溪过溪，行老山背山脊而上（两侧山谷），遇岔路顺大路上行（不离山脊），至山梁（此路段2公里）……顺山梁右走小道，穿过丛林至石榴界草山顶（村民称"测量架"。此路段1公里）……择右路下顶，顺山凹路下行（不走山脊），至山窝炭窑，顺路左走，转过山包一路下行，遇岔路行大路，返蒲源，择地安营扎寨（此路段4公里）。

攀登老山背

第2天（由蒲源过坳穿越下大冲，乘车返桂林）仍向东出村，遇岔路走右，顺溪谷一路上行，至大冲坳（此路段1公里）……过坳下行，行不远遇岔路右上走，下至车道岔路口，左下行小道，遇水流左道顺流而下，过小木桥，行1公里至车道（此路段2公里）……顺峡谷车道一路下行，行于峡谷水流侧，行2公里下至岔路，右走至佛子庙（此路段2公里）……乘包车返同安（7公里），乘班车返二塘、返桂林。

【友情赠言】
●由同安包车至蒲源后，记下司机电话，以便第2天穿越大冲接出。
●自驾出行登顶石榴界返蒲源后，不穿越可当天返桂林。
●夏季山顶茅草疯长，不宜登顶。

山顶测量标

大冲坳

大冲佛子庙

石榴界
线路图

莲花山

FANYUE LIANHUASHAN

翻越莲花山 13

翻越莲花山

莲花山古称云山，位于桂林东南平乐县二圹镇与长滩乡之间，距桂林92公里。该山呈西北-东南走向，长7公里，宽3公里，相传有12莲花、12坡，主峰海拔953.4米。顶为草山，遗有通讯差转台水泥弃棚。

仙姑庙

由东侧攀登莲花山，一路夹峰伟岸高耸，登至山梁开阔草坪，连绵馍馍山一望无际。立于山顶，可俯瞰平乐县城风光，东面榕江、北面茶江，西面桂江，三江尽收眼底。

莲花山山顶有一座仙姑庙。逢农历八月初三，是周边乡民赶庙会的日子。七月三十便有人抬着锣鼓开始上山，初一、初二，山顶寺庙彩旗飘扬、诵声呢喃、耍龙舞狮、鼓乐喧天。入夜，山顶灯火通明，村民席地而眠。

【行走路线】界板冲→仙姑庙→莲花山→坪冲→石板桥。

【线路描述】平乐著名山峰，草山顶处有庙及水源，行车道上山顺山沟穿越下。

【徒步里程】9公里。

【风景指数】★★★☆

【强度级别】★★★

【出行方案】

桂林汽车总站乘平乐班车至二塘镇（104公里），中学路口乘乡村小客车至谢家村五公庙（或界板冲。10公里）……行车道岔路右走再左走至界板冲，穿村而过（此路段500米）……一路顺简易车道上行，行于两石峰之间"之"字路至草山，右拐至路头仙姑庙（此路段3公里）……由寺庙右侧上行至山脊观景，返庙前下行右侧小道，行百米遇岔路右上走至凹，登对面莲花山之巅，下顶左走下坳（此路段1公里）……顺路过坳行于山谷左，过3道水流至柿子园（此路段2公里）……顺路上行穿行果园，遇岔路左平走一段后下行，再遇岔路行左，行

北山脊

莲花山之巅

顺坳下山

穿越下山

水泥路过水流，下至坪冲村（此路段2公里）……左走穿村而过，遇岔路左过桥，行出至石板桥路口（此路段500米）……搭乘过路班车或乡村小客车返平乐县城（14公里），乘班车返桂林（118公里）。

【友情赠言】

●由界板冲登顶一路行车道拐36道弯、越野车可直达仙姑庙。

●行此线路反向穿越路陡且岔路多。

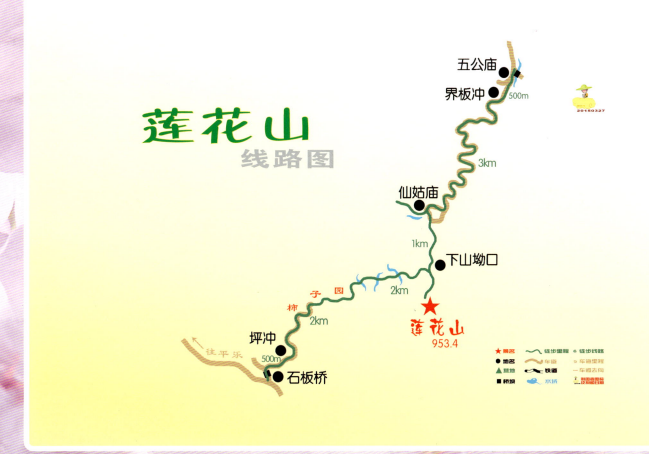

莲花山
线路图

五公庙
界板冲   500m
              3km
仙姑庙
              1km
          下山坳口
      2km
  柿子园
  2km
坪冲
  500m
    石板桥
往平乐

★ 莲花山
  953.4

登攀三县界

架桥岭山脉

　　都庞岭海洋山系之架桥岭山脉，俗称瑶山，分布于山系南端末梢，地处阳朔西南，临桂之南，经永福东南边界至荔浦西南止，全长60公里。一般海拔为500-700米，有海拔千米以上山峰多座。架桥岭山脉走向约呈自北向南，由变质岩构成，岩石坚固，不易被水侵蚀，故山峰嶙峋，溪深谷幽，山坡陡峭，底部狭小。山地边缘因长期受流水侵蚀，山体渐趋破碎，谷地逐步扩大，成为小型的山间谷地。

　　此山植被以常绿阔叶林居多，亦有针叶林，森林覆盖率为65%。山脊多茅草。此山间河流众多，为水源林区。

　　主峰三县界海拔1170米，为阳朔、荔浦、永福三县交界点。其他户外著名高山还有摩天岭、五指界等。

五指界

攀登五指界

PANDENG WUZHIJIE

临桂与永福两县的界山五指界，因山梁并列五峰而得名。此山位于桂林城南偏西38公里处。主峰属临桂六塘清泰村委所辖。

五指界海拔高度812.2米，顶为石崖草山，顶下种植杉木，山腰为竹林，是小江水库和大江水库的源头。

由五指界行车道可登十二鸡罩，亦可穿越至江月或金钟山景区出。本篇攻略为方便乘车和降低强度，线路设计环走，由小道登顶，车道下山。

【行走路线】门楼→五指界→大塘口。

【线路描述】五指界是临桂与永福两县的界山，山有五峰，是小江水库和大江水库的源头，登顶当天往返。

【徒步里程】7公里。

【风景指数】★★★☆

【强度级别】★★★

【出行方案】

由桂林汽车总站（后门）乘六塘班车至六塘镇（44公里），搭乘（或包）村车至清泰村委门楼村（12公里）……过石桥右行小道，沿电杆顺水流而上，遇岔路上行大路至车道（此路段1.5公里）……右行车道500米遇岔路左上行，行500米平走至五指界主峰下（右见峰顶。此路段1公里）……拐过弯右见上行小道，行此道30米右上攀山，行于杉木林右侧，出杉木林左平走，右上攀至坳，右登草山顶，原路下顶返车道（此路段500米）……返岔路口后左走，一

登山起点门楼

登顶之路

五指界
线路图

大塘口

3.5km

长岭上

五指界
★
812.2

250m

五指界

500m

500m

1.5km

门楼

路沿车道下至水泥路（此路段4公里）……搭乘村车（或乘原包车）返六塘镇，转乘班车返回桂林。

【友情赠言】

●登顶草高路朦坡陡，出行此线路以冬、春季为宜。

●山上无水源，带足饮水。

●六塘至门楼一路水泥路，自驾小车出行更为便利。

五指界之主峰

顶峰下的车道

五指山

摩天岭之巅

环走永福摩天岭

HUANZHOU YONGFU MOTIANLING

　　桂林多山，亦多摩天岭。架桥岭山脉之摩天岭位于桂林城南偏西44公里，地处永福县罗锦与堡里两乡镇交界点，GPS实测海拔高度1175米。

　　此山北南走向，山体为丛林覆盖之石山。山顶遍生灌木，有草坪、水源，可露营。

　　线路设计以罗锦江月为徒步起点，向东行车道经牛颈界登顶露营，第2天返牛颈界，过界穿越下堡里凉伞，一路顺凉伞河畔车道返江月。

　　【行走路线】江月→河口→三角石→牛颈界→摩天岭→凉伞→金福→江月。

　　【线路描述】摩天岭位于罗锦与堡里两乡镇交界点，山顶遍生灌木，可露营，线路设计环形穿越。

　　【徒步里程】第1天13公里，第2天14公里。

　　【风景指数】★★★☆

　　【强度级别】★★★☆

　　【出行方案】

　　第1天（由桂林乘车至江月，登顶摩天岭，露营山顶）桂林汽车总站后门车场乘桂林开江月（永福县罗锦镇）班车至江月（56公里）……村前路口左（东）走出村，顺车道一路行去，遇岔路直行，经高紫寨至河口（此路段4公里）……过桥岔路行右（路标反向），遇岔路左走上山坡，沿车道上行3公里遇岔路右上，此后再遇岔路均左上行，过三角石至苏家接行小道，遇岔路平走，再遇岔路行左至牛颈界（此

江月村

登顶后俯瞰

摩天岭
线路图

高紫寨
1km
河口
3km
江月
3km
1.5km
塘陂
里都
2km
山峡
1.5km
金福
1km
三角石
1.5km
牛颈界
摩天岭
1175
苏家
1km
1km
500m
牵马洞
1.5km
羊棚
营地
福陂
3km
2km
1km
大桥边 凉伞

20140530

★景名　〰徒步里程　6 徒步线路
●地名　〰车道　　　9 车道里程
▲营地　━铁道　　　→车道去向
■桥坝　〰水域

路段6公里）……前行车道后右上，接行小道至羊棚，左路上山，顺路行至营地，安营扎寨（顺路前平走右拐有水源。此路段2公里）……右路上山包，顺山脊路穿树丛登顶对面高山，至摩天岭之巅，原路返营地（此路段1公里）。

第2天（下山穿越过界，一路顺凉伞河返江月）原路下山经羊棚返牛颈界，岔路左下行车道，遇岔道行小路至工棚水流（此路段3公里）……过水流继续顺路行，遇岔路走大不走小，下至凉伞河畔车道（此路段2公里）……顺车道右走过凉伞屯，遇岔路均走右（一路右山左溪），过金福村至江月村（此路段9公里）。

【友情赠言】
●不环走穿越下凉伞，可登顶后原路返牛颈界，右下袁家，经永升出河口。
●自驾车可直开河口或苏家。
●如穿越下山错过班车，可包车至罗锦镇搭车返桂林（14公里）。

摩天岭营地

行走山涧车道

穿越下至凉伞河

桂林户外运动丛书之4
桂林户外紫山100峰

三县界之巅

穿越三县界

CHUANYUE SANXIANJIE

　　架桥岭山脉三县界位于桂林城南57公里，永福、阳朔、荔浦三县交界处，界顶立有国务院1999年制三角形界碑一块。《桂林漓江志》载：架桥岭山脉主峰三县界海拔1170米，为阳朔、荔浦、永福三县交界点。

　　三县界北南走向，山体为黄土杂石，界上多茅草，界下松、杉、杂木茂密，常有野猪、长尾雉出没。

　　山下各县方向均可登山，本攻略选择以永福堡里河东为登山起点，登至山梁后，顺山梁南行至界碑三角点，过界穿越至阳朔平峒出金宝。

　　【行走路线】河东→铺子坪→黄秀尾→三县界→平峒→金宝。

　　【线路描述】三县界是架桥岭山脉主峰，永福、阳朔、荔浦三县之界山，黄土杂石草山。

　　【徒步里程】第1天10公里，第2天18公里。

　　【风景指数】★★★☆

　　【强度级别】★★★★

　　【出行方案】

　　第1天（桂林乘车至永福县堡里乡河东村，徒步至黄秀尾露营）在桂林琴潭汽车站乘永福班车至永福县城（60公里），转乘堡里班车至堡里乡（22公里），搭乘班车（或包车）至河东村（18公里）……过河电站前顺车道东行，遇岔路直行，行约1公里顺路过河上行，沿此路经罗汉、大塘，遇岔路右过溪行至铺子坪（此路段5公里）……继续一路沿黄秀河畔车道行，至黄秀河源头黄秀尾，安营扎寨（此路段5公里）。

铺子坪路口

黄秀尾营地

三县界
线路图

河东村　罗汉　2km　大塘　黄皮口　铺子坪　金宝乡　桂花树　平峒　红莲村　白竹　黄秀尾　营地　三县界 1170

　　第2天（登顶三县界，下山穿越至阳朔金宝乡）左上行小道，顺路登至过山隘口（此路段1公里）……放下重装，轻装右上山包，沿山梁路行过约9个小山头至最高点，继续前行20米至山梁三角点三县界碑处（此路段1公里）……原路返隘口，过界右下一路顺峡谷而行，行过竹加工棚，行4公里遇岔路左上行过小坳，下至溪流，逆流行不远竹棚前遇岔路右上登山至车道（此路段6公里）……左行车道过坳，平走遇岔路右下，出峡谷至平峒路口（此路段5公里）……车道直行，至徒步终点金宝乡（此路段5公里）……乘班车至葡萄（20公里），搭乘过路班车返桂林（42公里）。

【友情赠言】
●自驾登山，车可至铺子坪。
●雨雾天气方向迷胧，不宜登山。

三县界碑

山梁封班

下山穿越上车道

桂林户外运动丛书之4　桂林户外登山100峰

猪头山之巅

登顶猪头山

DENGDINGZHUTOUSHAN

鸡冠山系位于荔浦东南，东起岭头山，南至蜜糖山、白面山，延绵上百公里。猪头山实为鸡冠山系之主峰，在此一并归入架桥岭山脉篇。猪头山峭然突起于桂林城东南100公里处，海拔1355.7米，为荔浦县群峰之冠，坡度最陡之一隅。

《荔浦县志》载：猪头山位于新坪镇东南面约16公里，顶峰形似猪头，故名。此山为全县最高峰，东西走向，占地约4平方公里，大部分为土质山，山南面多悬崖绝壁，半山有一石闸门，有小径可通山顶；山北较平缓，山麓周围多为松林、杂木、杂草，山猪、黄麖、山鸡等动物常出没其间，山脚北面产棕榈。山上有两坳，天平坳通蒙山，咸丰二年（1852），太平军经此坳至荔浦；龙哇坳通平乐、昭平。

猪头山顶草坪正中央可见水泥地标一方，上书：军补Ⅱ、三角点、军委测绘局、1957年2月。

【行走路线】石闸门→猪头山→石闸门。

【线路描述】猪头山为鸡冠山系主峰，荔浦县群峰之冠，顶峰形似猪头，多悬崖绝壁，顶为草山。轻装1天线路。

【徒步里程】6公里。

【风景指数】★★★☆

【强度级别】★★★☆

【出行方案】

由桂林汽车总站乘荔浦班车至荔浦县城（104公里），转乘新坪班车（7公里），包车

石闸门

登顶小道口

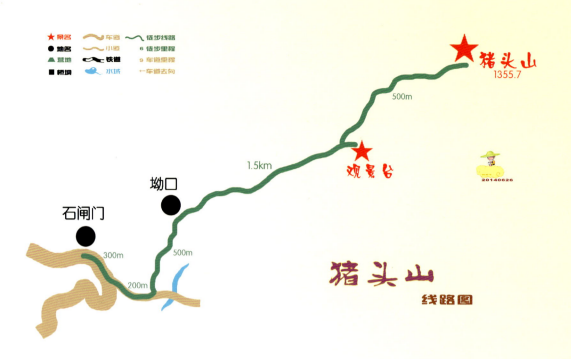

猪头山
线路图

至石闸门（24公里）······过坳下走300米，路左出现下行小道，行此道200米，左见碎石干沟（右为杉树），上行此碎石沟（此路段500米）······踏碎石而上，顺小道行至坳口，右走转向山背，行山腰路出山梁（此路段1公里）······沿山梁路拨草而上，过小树丛至山头观景石（此路段1公里）······退回20米右走继续行山梁，入树丛，钻竹林，一路顺山梁直达顶峰草坪（此路段500米）······原路下山返石闸门，乘包车返新坪，乘班车返荔浦，转乘班车回桂林。

【友情赠言】
● 夏秋草高没路，出行以冬春为宜。
● 登山小道路口难辨，初登此山建议请向导，雨雾天气切不可贸然登山。
● 如作露营线路，由桂林乘班车至荔浦，转车新坪，再转车至长滩路口桥，然后徒步至石闸门（水源在登山小道口前行百米处）。
● 此线路如自驾将更为便利。

猪头山观景石

猪头山

山顶地标

越城岭山脉大穿越
YUECHENGLINGSHANMAI DACHUANYUE

真宝顶南望

　　江南五岭之首的越城岭山系相当庞大，可分出许多山脉、支脉、余脉，其中越城岭山脉为桂林户外最理想的穿越山脉。

　　越城岭山系之主脉越城岭山脉宏伟雄奇、辽远壮丽，山峰相连，可在山梁一路狂奔，水源丰富，处处草坪营地，并且几乎每座山峰间都有下山古道。此山脉集桂林山水之精华，不但自然风光包罗万象，且历史遗迹随处可见。公元1637年，我国著名旅行家徐霞客穿越此山脉，给后人留下大量珍贵史料。越城岭山脉大穿越线路，是桂林户外向世界推出的第一大品牌。

　　越城岭山脉大穿越线路设计，由北部的大云山穿越至南端的石排山，此线路好走易辨，沿途经过著名高山10余座，其中包括华南第2高峰海拔2123米的真宝顶。此山脉全程穿越徒步102公里，行走7天。

大云山

第1天：穿越大云山至紫花坪（15公里）

　　自桂林桂北客运站乘全州大西江班车至炎井村委（170公里），包乘村车至钟落山电站（5公里）……左墙外行过电站机房，行小道顺水管过溪，遇岔路行左，沿水管方向上行至电站前渠，左上行小道至防火道，顺防火道右走，左见小道离防火道行小道，遇岔路右走返防火道，顺路右转行至一小坪，左道上行返防火道（4公里）……一路顺防火道上行至山梁开阔地，岔路右走登至大云山顶（2公里）……顺山梁一路东北行，遇岔路不离山梁，至山梁拐角处右下山脊防火道（东南向），经脚丫石，下至紫花坪坳口前200米处右走，露营废矿区（9公里）。

第2天：穿越舜皇山返炎井（12公里）

　　离开营地返防火道下至紫花坪坳口，过坳上行至防火道尽头接行小道，入竹林顺山脊上穿，出至草山梁路口（2公里）……顺山梁左行，翻3个小山包登至舜皇极顶（2公里）……原路返草山梁路口，离山梁顺路左下走山脊（与上来时反向），遇岔路左走，过凹上登山坡，顺路右平走，一路下陡坡过桃船座，继续下行石路，过木桥行田间路至小白水村（5公里）……沿车道下行，遇岔路直行，经瓦窑边村，返至炎井露营（3公里）。

第3天：穿越越城岭大峡谷至新安塘（23公里）

　　包乘村车至界牌老矿区坳口（8公里）……岔路右下，行小道至矿棚，车道右走上至岔路口（1公里）……左上行小道，遇岔路左上陡坡至山脊，一路上行山脊至八步岭下护林站，左走过坳，下至水流，右上行至将军坳（6公里）……过坳沿峡谷一路下走，至横溪源岔路右上过北分水坳，顺峡谷下至小源里双江口（4公里）……顺路右上走至子花坪，左走上车道翻过南分水坳，下走过文江，经大源里口、药

舜皇山

越城岭大峡谷

真宝顶

左上走，右下见大帽岭下牧羊棚时继续上行至小山坳，过坳左走至洼地，过洼地上草山，顺路左走至唐家山下青山口（5公里）……上行登山，顺路左走出竹林至草山防火道，遇岔路左行小道，平走于山之左侧至斛桶石下，前行过坳遇岔路走右，下行山脊绕过山窝左走，一路行至古石道，岔路左上走，至宝鼎寺（古白云庵。5公里）……轻装过坳下走游白云洞天、天门后返寺庙，寺背一路过定心桥、入定心石、入圣水岩、登舍身崖、登顶宝鼎飞锡绝顶，返寺庙露营（2公里）。

钩挂山

鬼崽石

打狗岭

大帽岭

青山口

棚右见岔路，右行岔路上陡脊至车道（6公里）……右走车道，过鸡公凸水库管理处岔路左走，放牛坪水库岔路走左至真宝顶水库，行阶梯至坝，左走入水库管理站，前行过农家至新安塘，过溪后安营扎寨（6公里）。

第4天：穿越真宝顶、钩挂山、打狗岭、鬼崽石至小帽岭营地（21公里）

沿溪右小道上行，穿过林子至草山左走，顺路过两处流水后右转，遇岔路右上陡坡至山包，岔路左行登至真宝顶（3公里）……由废弃机房沿山脊防火道右下走，过古宝顶殿基顺山道左转，下至钩挂山凹口沿山腰平走，左转沿路上行过大峁岭坳，岔路下走至干江塘里，遇岔路左过溪上登陡坡至鸡公坳（4公里）……顺路前行，遇岔路右上行至防火道，顺防火道行过打狗岭，沿山脊下至打狗坳（2公里）……过坳上行山脊出林至草山，右下山包后上行过小坳，一路行于鬼崽石右侧草山凹地，至蚂拐坪（4公里）……穿过蚂拐坪沿路上行，遇岔路左行于左侧山腰至小帽岭，沿路右下山坡，遇岔路直行（南偏西）穿越至小帽岭营地（8公里）。

第5天：穿越大帽岭、斛桶石至宝鼎（12公里）

右上行至古石道，顺道行于山右，大石前遇岔路

斛桶石

宝鼎

石排山

哪吒山

莲花座

第6天：穿越哪吒山至莲花座（11公里）

原路下走至斛桶石来时古道路口，继续沿古石道下走至车道，沿车道至金竹坪药场，左横走至对面车道，左走至车道尽头（4公里）……接行小道上穿竹林，左走至山脊，遇岔路行大路，过3道水流上穿出林至草山，顺路上行至坳口（4公里）……过坳岔路左上，轻装登顶哪吒山，原路返坳口岔路，下走三钻竹林水流至莲花座营地（3公里）。

第7天：穿越石（四）排山至古山（9公里）

返来时路钻过第一处竹林水流，左小道上山坡，遇岔路走左，沿防火道登顶石排山，防火道尽头接行竹林间小道至顶（2公里）……顺路右下山梁，出竹林至草山，行约500米左小道下穿竹林，出竹林左

走，右下山脊防火道过沟直上对面山头（3公里）……前行平走后下坡，过水流左走，遇岔路右走过坳，下山左行（峡谷下村寨可见）下峡谷至溪流，顺溪谷下行至古山村（4公里）……包乘村车下山至垄底坪班车路口（10公里），搭乘过路班车返桂林（110公里）。

【友情赠言】

●攻略从时间上考虑忽略景物看点细节，欲玩转某座山峰，请参考丛书中各登山线路攻略出行。

●穿越中途下撤点可参看线路图。

越城岭山脉大穿越
线路图

金紫山–黄山云海

金紫山山脉大穿越
JINZISHANSHANMAI DACHUANYUE

位于桂林城北90公里资源及塘西北侧，与湖南城步的交界地带，金紫山山脉横贯越城岭山系，山脉总体走向北东-西南45度，主脉末端大宝鼎，（……）（……）的越城岭山包长满银竹，越过一座越城作银竹老山，银竹老山之北顶大宝鼎山峰（……）（……）基宝顶之后桂林第3高峰。金紫山山脉主要名山有（……）白石大王、金紫山、十里坪坦、大金鼎、二宝鼎等。大宝鼎与二宝鼎等高，海拔超过1800米，十万古田与十里坪坦海拔1600米处山梁开阔。金紫山与十里坪坦间现已开发为风电基地。

金紫山山脉诸峰相连，山梁平缓，水源丰盛，是户外登山穿越的极佳山脉。此山脉大穿越线路设计由南向北，首登十万古田，经白石大王、金紫山、黄山、十里坪坦、七里坪、孟公坳到达大宝顶、二宝鼎，向东穿越至斗篷岭，北走横江保护站，东行翻山下黄腊水至茶坪。此一路穿越著名高峰10余座，全程行走4天，徒步64公里。

本篇攻略着重穿越线路，欲知山脉中各山峰概况、景物、登顶路线，请参考本书登山线路攻略部分。

陡岭黄山路口

第1天：登山露营十万古田（7公里）

由桂林桂北客运站乘资源班车至资源（114公里），换乘河口班车至河口乡（55公里），换乘高山班车至陡岭路口候车亭（21公里）……左上行车道3公里，岔路左走过水流后左出现登山小道，行此道上山（此路段4公里）……遇岔路均走左，平行过松林后岔路右上，至山脊大路右上行，过溪水棚屋岔路左上走（此路段2公里）……顺山脊路行，穿过草坪至流水遇岔路左拐，顺路绕过山包至谷地前（此路段2公里）……下谷过水流顺水行，穿竹林、过溪流、过墓地，上至十万古田车道，右行过桥至管理区木楼，楼前林间露营（此路段2公里）。

第2天：走向金紫山（13公里）

由管理站行车道返回继续前行过旧屋，岔路右行小道走水泥游道，过车道口直行小道，遇岔路右行，再遇岔路再行右至水塘"小天湖"（此路段4公里）……一路东北向遇岔路行大路，沿山脊走高不走低至白石人王山峰下（此路段4公里）……白石大王右侧行过，遇岔路行大路左走穿过杉树林，至车道左

走下行，望见谷对面金紫山，顺道下坳过坳上行对面山坡（此路段3公里）……沿路行过省界碑继续上走，山顶右行至地母庙，安营扎寨（此路段2公里）。

第3天：穿越十里坪坦经孟公坳至银竹老山营地（22公里）

出地母庙岔路行右，过显灵殿顺路右下山，至石门坳岔路直行登坡（此路段1公里）……遇岔路行大

十万古田

白石大王

走向金紫山

段4公里）……上行登山，遇岔路右走，顺山梁路行至银竹老山营地（水源在左，前可见大宝鼎。此路段4公里）。

　　第4天：登顶大宝鼎，穿越下至茶坪（19公里）由右侧牧羊棚登山行山梁，遇岔路行主道，平坦山窝处岔路左下过沅江，上行左侧山梁，右走登顶大宝鼎，左走下顶顺路登二宝鼎（此路段5公里）……返大宝鼎，向东下山穿竹林，上至原始林，穿林一路东行，

金紫山巅

孟公坳

走向十里坪坦

银竹老山营地

十里坪坦

大宝鼎

路上山梁，一路行山梁至车道，顺车道上行至风电站爆竹山风车道（此路段4公里）……左走车道，遇岔路直行，黄山工地岔路走右，顺此道行去右转，上至大拐弯（见插图。此路段6公里）……左下山沟，沿小道顺沟行，出林左过小水坝前行至张家冲简易车道，左走至柏树林前岔路行右，过柏树林凡遇岔路右走向东，过上坪坦、中坪坦、下坪坦右上至山梁（此路段3公里）……一路顺山梁行过七里坪，沿山沟过钻井废弃工地，遇岔路右过溪流，下至孟公坳（此路

二宝鼎

斗篷岭

茶坪村委

横江源

经两处沼泽翻山包至半山岔路右上行至山脊，顺路前行，至斗篷岭前岔路右下至横江源桥（此路段5公里）……沿路顺江而下，遇溪过溪，岔路右过古桥至横江保护站（此路段2公里）……沿路东登山，过山脊防火道，遇岔路直行下走，出至车道（此路段4公里）……右走过黄腊水、梓木冲至茶坪村委（此路段3公里）……乘班车至梅溪（22公里），转乘班车（或过路班车）返桂林（150公里）。

横江保护站

金紫山山脉大穿越
线路图

广西坳 1665
横江保护站
茶坪
3km
4km
横江源
梓木冲
2km
黄腊水
二宝鼎 2021
斗篷岭
大宝鼎 2021
5km
5km
银竹老山营地
孟公坳 1771
4km
七里坪 1688
7km
张家冲
黄山 1844
十里坪坦 1787.2
爆竹山
4km
5km
林场坪坦工区
显灵殿
2km
金紫山 1883.1
詹天塘 1859
省界碑
地母庵
白石大王 1840.8
5km
8km
十万古田 1787.2
4km
棚屋
2km
上陡岭
4km
候车亭
高山村

20160927

三县界看宝盖山-雷王殿

海洋山山脉大穿越
HAIYANGSHANSHANMAI DACHUANYUE

　　都庞岭海洋山系之海洋山山脉南北走向，由诸多山峰组成，为兴安、全州、灌阳、灵川四县的部分界山，长52公里。山脉主要山峰由北向南依次为：宝盖山、雷王殿、三县界、金凤岭、轿顶山、黑雨灵王、香炉石、盘皇殿。主峰宝盖山海拔1935.8米；山顶为大片平坦草地。三县界为灌阳、全州、兴安三县之界山，上立国务院界碑。海洋山山脉向西延伸又分支脉，海洋山支脉是海洋河的源头。海洋山山脉向南延伸的余脉又称东瑶山，山谷深切，蕴藏有锌、铜等矿。

　　此山脉山梁，或辽远开阔青草连天，或窄如鱼背灌木丛生。该山脉山峰相连，景色绝佳，山梁有小道可一路穿行。线路设计由南向北穿越，以灌阳西山乡为徒步起点，登盘皇殿后，行山梁经香炉石、轿顶山、三县界、雷王殿穿越至最高峰宝盖山，由西麓下山至蕉江乘车出。全程56公里，行走6天。

　　本书海洋山山脉章，各山峰穿越攻略有更多资料，可供出行此线路参考。

盘皇殿下营地

第1天 乘车至西山乡，至盘皇殿半山露营（9公里）

　　自桂林汽车总站乘灌阳班车（洞水线）至黄关镇（118公里），转乘西山班车至西山乡（12公里）……乡政府前左走过桥左行，经西山中学继续前行，凡遇岔路西行大路，沿溪流上行过茶源村，岔路行左，沿水流行过白岩岐至最后村寨斋公田，左过桥（此路段7公里）……岔路左上行登山小道，遇岔路直行500米至山腰小水渠，右沿水渠平走1公里至溪谷，过溪顺小道上行，行500米再过溪至竹坪，左（西南）上行穿过竹林，过水泥小水渠至山脊草坪，安营扎寨（前方高峰为盘皇殿。水源在左侧百米外山沟。此路段2公里）。

第2天 登盘皇殿，北行山梁露营银场界（7公里）

　　顺山坡而上，至山脊沿山脊右行穿过竹林，向右侧峰巅行，至山梁坳口，翻越山包直登盘皇殿（此路段3公里）……穿越山顶，左下草山，穿过竹林，一路沿石山梁行去，行过杂木林是宽阔草山，翻过草山下至银场界坳口，安营扎寨（水源在左下200米。此路段4公里）。

第3天 继续沿山梁北行，穿越下老泵井村露营（9公里）

　　继续沿路前行登草山，至香炉石顶测风塔，前行至石垒墙（此路段1公里）……顺山梁路左行下至车道，至坳口左登山梁，沿草山梁下至崇箐界车道（此路段3公里）……沿车道左行，过水流后遇岔道右上行，转过山头，下行至急弯处遇岔路离车道右走平行小道（此路段2公里）……一路平走转草山，至坳口左走下坳，至老泵井村择地安营（此路段3公里）。

盘皇殿北望

银场界营地

登顶香炉石

第5天 穿越雷王殿，露营分水坳（9公里）

　　沿山路继续上行，至坳口左登山头，至三县界碑，返坳口（此路段1公里）……沿山道东北行，遇岔路直行不离山梁，直达雷王殿之巅测风塔（此路段5公里）……原路下山，行500米遇岔路右（北）拐，方向防火道下坳口，下至分水坳，就地扎营（水源在坳左。此路段3公里）。

第6天 翻越宝盖山，下蕉江乘车返桂林（11公里）

　　沿防火道而上行，至山梁遇岔路右走，至水库

崇箐界

轿顶山

老泵井村

登顶三县界

登顶轿顶山

三县界

第4天 穿越轿顶山，露营三县界冲天槽（11公里）

　　由老泵井村沿路上（东）走，岔路左行至白房子，继续上行竹林间遇岔路左走，上至草山脊，沿山脊右上，石峰下横走至小坳，过坳沿小道左转，行至两石峰之间，右登轿顶山之巅（此路段2公里）……穿越攀石下山，沿山梁路下至草山，一路行山梁至车道，前行车道至坳口岔路（此路段3公里）……穿过车道，直上小道至山梁，一路行不离山梁，过罢草山入林，至冲天槽坳口，过坳上行草坪露营（水源在坳口左下。此路段6公里）。

雷王殿

雷王殿之巅

宝盖山水坝

登峰宝盖山

坝，右过水流上行，沿防火道一路东北行，前方见山顶立石，登向立石，过立石仍顺山梁行，见前方宝盖山，下穿杂木林而过，出林沿防火道登坡，直至最高峰（此路段6公里）……继续北行山梁，行600米山梁分支岔路走左，再行400米行左侧山脊（方向转西南），顺此山脊一路下至蕉江村委小卖部（此路段5公里）……包乘农家小面包出磨盘水库至太白地村（16公里），转乘班车返桂林（124公里）。

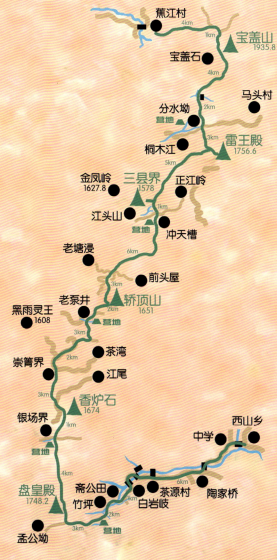

20150121

海洋山山脉大穿越
线路图

桂林户外出行汽车

乘车点

桂林火车北站

北辰路 ★1 桂北客运站

站前路

东二环路

南洲大桥

西滨江路

漓江

圣隆路

中山北路

北极广场

灵田班车站

环城北二路口

★2 建干路

东二环路

电子科技大学

彭家岭

建干路

环城北二路

★3 金鸡路

圣隆路

环城北二路

六合路

六合路

翅武路

中山北路

滨江路

凤北路

七星公园

西凤路

翅武路

解放桥

栖霞路

西山路

丽君路

信义路

中山中路

解放路

环城西二路

阳桥

中心广场

滨江路

★4 五美路交通

普陀路

东安路

桂林汽车总站

桂林百货大楼

漓江

龙隐路

七星路

★5

★8 黑山路口

机场路

桂林火车站

象鼻山

南城百货

★10 甲天下广场

三里店广场公交站

翠竹路

民主路

穿山桥

漓江

★11

漓泉啤酒厂

★6 ★7

立交桥 上海路

漓江桥 穿山桥

辅星路口

穿山东路

七星路

香江饭店

★9

园林植物园

琴潭汽车客运站 ★12

中山南路

五里店

20150112

★1 桂北客运站 桂林北汽车客运站。始发桂林北部灵川、兴安等各县及外地班车（乘1、32、99、211路公交车可达）。

★2 灵田班车站 建干路-环城北二路口。始发灵田、正义方向班车（乘10、20、21、30、32、36路公交车至"彭家岭"站可达）。

★3 电子科技大学 校门前始发电子科技大学尧山校区、瑞云古道、五马岭方向13路公交车（乘10路公交车至"电子科技大学"站可达）。

★4 五美路-交通路口 包车、自驾出行乘车点（乘5、16、23、88、91、208路公交车至"文明路"站，或乘3、10、11、99、100路公交车至"阳桥"站可达）。

★5 桂林汽车总站 始发桂林南部阳朔、荔浦、恭城、平乐县城班车。西门发兴坪、金宝、六塘、会仙、罗锦乡镇班车（乘3、5、9、10、11、16、22、25、88、91、99、100路公交车至"汽车站"可达）。

★6 桂林火车南站 始发阳朔、竹江班车（乘3、4、5、9、10、11、16、19、22、25、88、91、99、100路公交车至"桂林

站"下北行200米城市便捷酒店巷西象山大酒店前）。

★7 桂林火车南站对面 始发奇峰镇方向4路公交车（乘3、5、9、10、11、16、19、22、25、88、91、99、100路公交车至"桂林站"站可达）。

★8 黑山路口 包车或搭乘桂林琴潭汽车站路过机场路班车（乘1、2、12、23、85、88、91、301路公交车可达）。

★9 琴潭汽车客运站 始发桂林西部临桂、永福、龙胜县及外地班车（乘1、2、12、23、91、301路公交车可达）。

★10 甲天下广场-南城百货侧门 包车或自驾出行乘车集合点（乘6、16、23、33、85、100、204、214路公交车至"辅星路口"站可达）。

★11 三里店广场 三里店广场东南行100米公交站或300米加油站。搭乘开大圩、潮田、海洋、大境、高尚、草坪、兴坪、灌阳方向路过班车（乘6、9、14、20、28、30、35、36、85路公交车可达）。

★12 园林植物园 联达广场前。包车或自驾出行乘车点（乘10、16、202路公交车至"园林植物园"站可达）。

桂林户外运动丛书之1
桂林户外登山100峰

FEIXINGBAO

HOUJI

G UILIN

DENGSHAN

100

FENG

后记

飞行豹

　　桂林户外天堂的经典，来自它得天独厚的特殊地理环境和两千多年的历史背景，"桂林户外运动丛书"编著者只是进行户外探线、拍摄、资料整理，推出其中部分徒步线路攻略，远不是所有，并且也只涉及徒步、登山、溯溪、露营这些项目，而热门的骑行、自驾、摄影等等户外运动项目，亦大可独立成书。

　　本丛书中攻略也许会读得如坠迷雾不知所云，当你拿着它走在路上，你就会有天涯遇知音的感觉。户外运动与景区旅游最大的不同在于环境的变化。春徒步，夏溯溪，秋赏景，冬登山。走户外，季节不同，看点和出行目的地不同。同一条户外线路，冬春草枯叶落，山路清晰好走，夏秋藤缠棘封，野径消失。线路的变化还在于人为，乡村公路、林道的修筑，开山造林、种植及水利工程等，时不时地改变行走路线，而影响户外自然、生态环境最大的莫过于风电建设，包括桂林户外10大名山在内的无数高山，被高高耸立的风电塔群改变了容颜。因此种种，本丛书内容仅供户外出行参考。养成户外跟村民多聊多问的好习惯，是必须的。出行户外的好习惯还有雨雾不登山（避免找不着方向）、行过留路标（避免返程迷途）、走错原路返（硬穿危险费时）、掌握行进速度（避免错过回程班车）、通讯导航设备（手机、指南针、地图、GPS）和头灯不离身。本丛书攻略设计是以乘班车自助行者为对象，自驾或包车出行，自然交通更为便利。

　　户外运动与旅游景区的不同还在于点与线。旅游景区讲点，某地点你去过，去过就行了，怎么去的，从哪去的都可以忽略不计。户外讲线，某处你去过，但走的线路是不是这一条？假如不是，那这条线路你就没走过。户外出行线路的选择，不但要有风景，还要讲究历史文化背景。户外运动是一路走来，重在过程，目的地只是其中的一个拐点。

　　当下有户外出行者去户外、山野走了两圈回来就很把自己当人物，仿佛进入超人境界，对谁都不服，这是极其可笑的。也有走过几条线路就急于当领队，立马领着一帮人出发。走户外应科学徒步，睿智出行，反对冒险主义，不提倡个人英雄主义。户外运动是有风险的，组织者、领队不但要熟悉线路，还必须具有相当的户外知识、户外经验、心理素质、组织能力和安全意识。AA群队的组织者千万不要以为不赚队员的钱，出事就可以不负责任，假如是你的错，你一丁点责任也逃不脱。

　　为桂林户外天堂之经典所吸引，因无人做此事，便只好我来做。2006年始，以整整10年生命耗费、投资30万元为代价，带领橄榄旋风、驴友户外、家人探线，有时独自探线，并亲手完成丛书写作、摄影、绘图、设计、排版、制作之使命。

　　世界第一套户外运动丛书当属桂林。谨以此书献给桂林，献给中国，献给世界爱好户外运动的人们！